Livre de Coloriage pour Adultes

MANDALA
Chiens et Chats

50 IMAGES ANTI-STRESS

Copyright © 2022 – Wonderful Press
All rights reserved

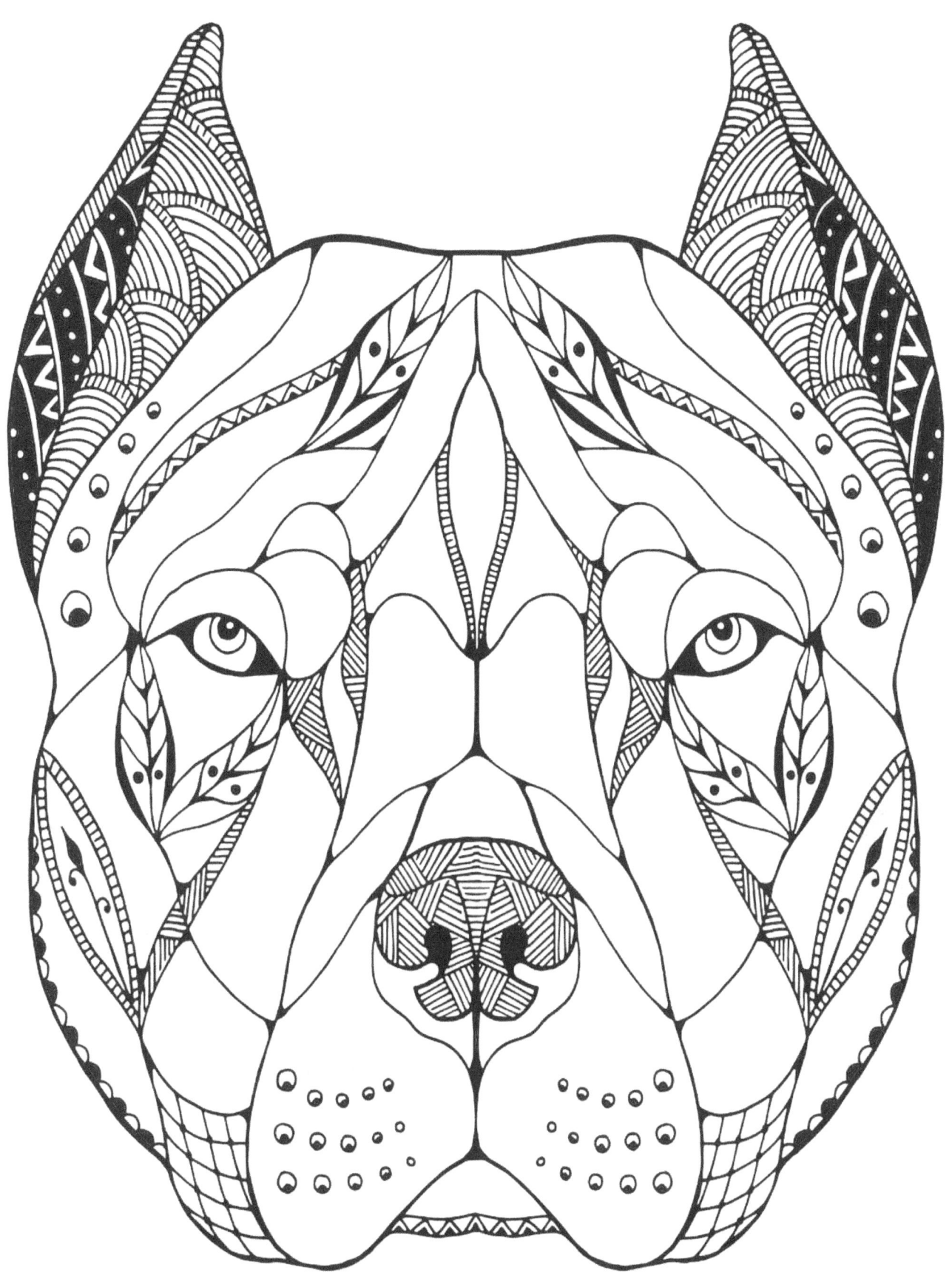

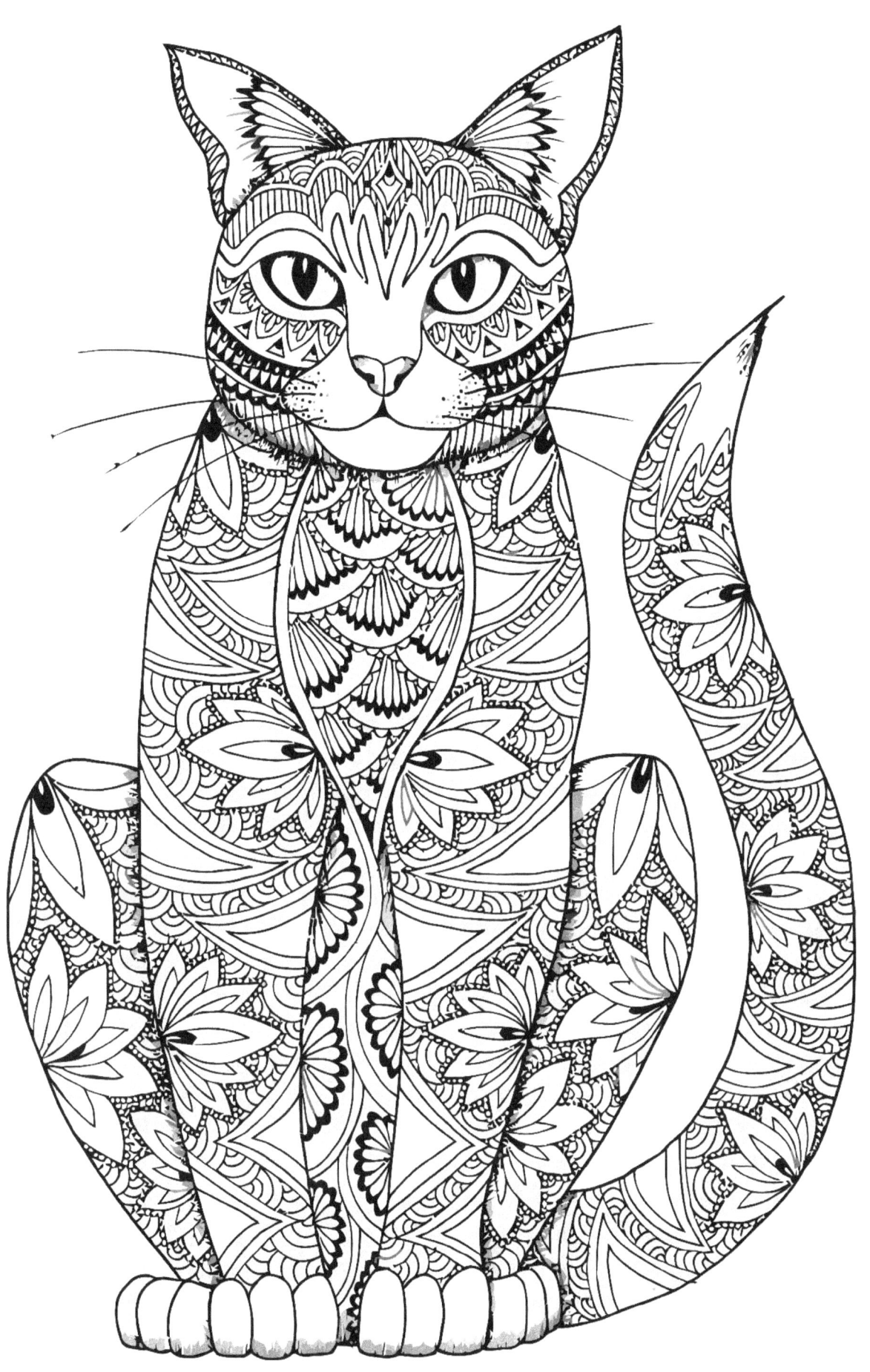

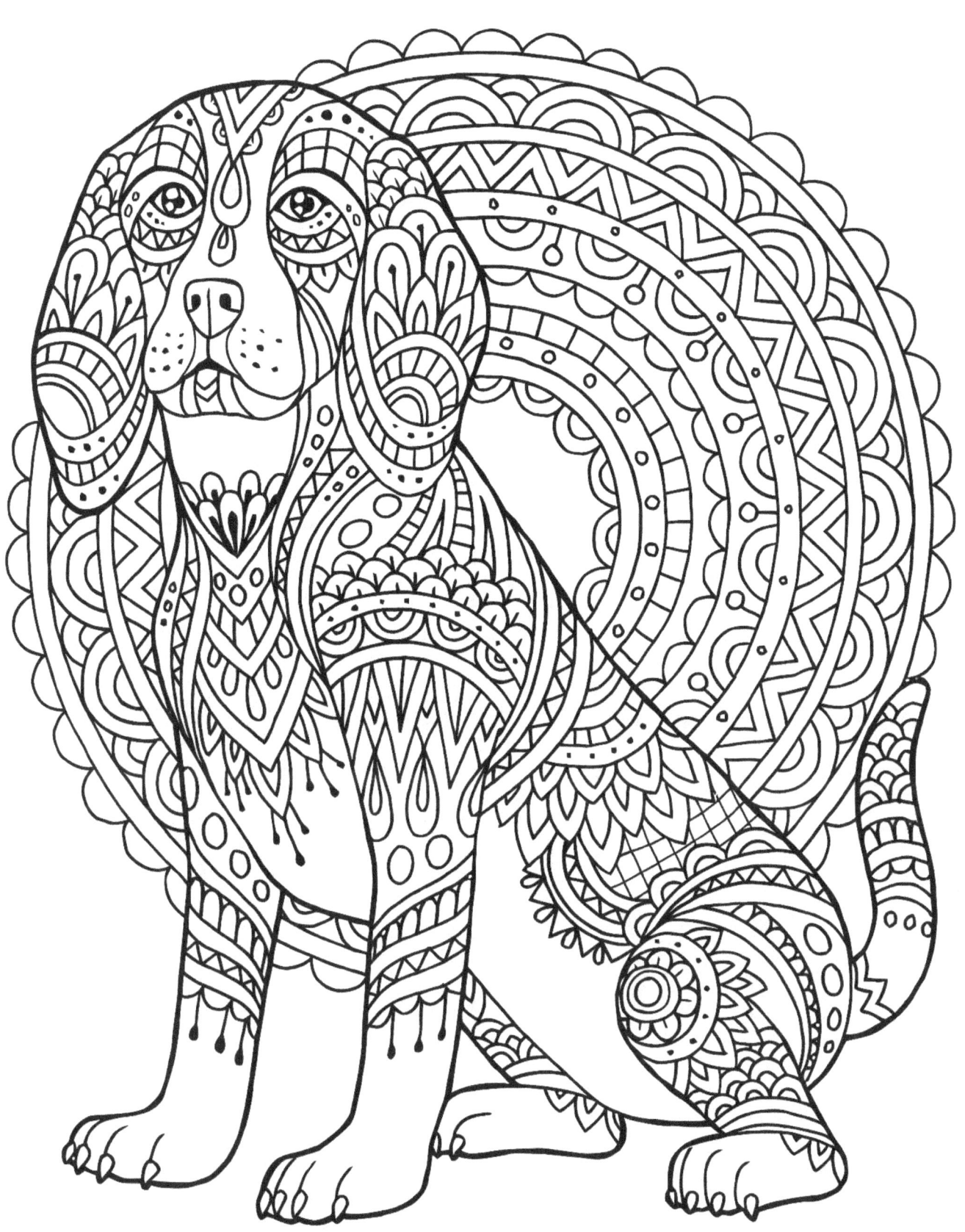

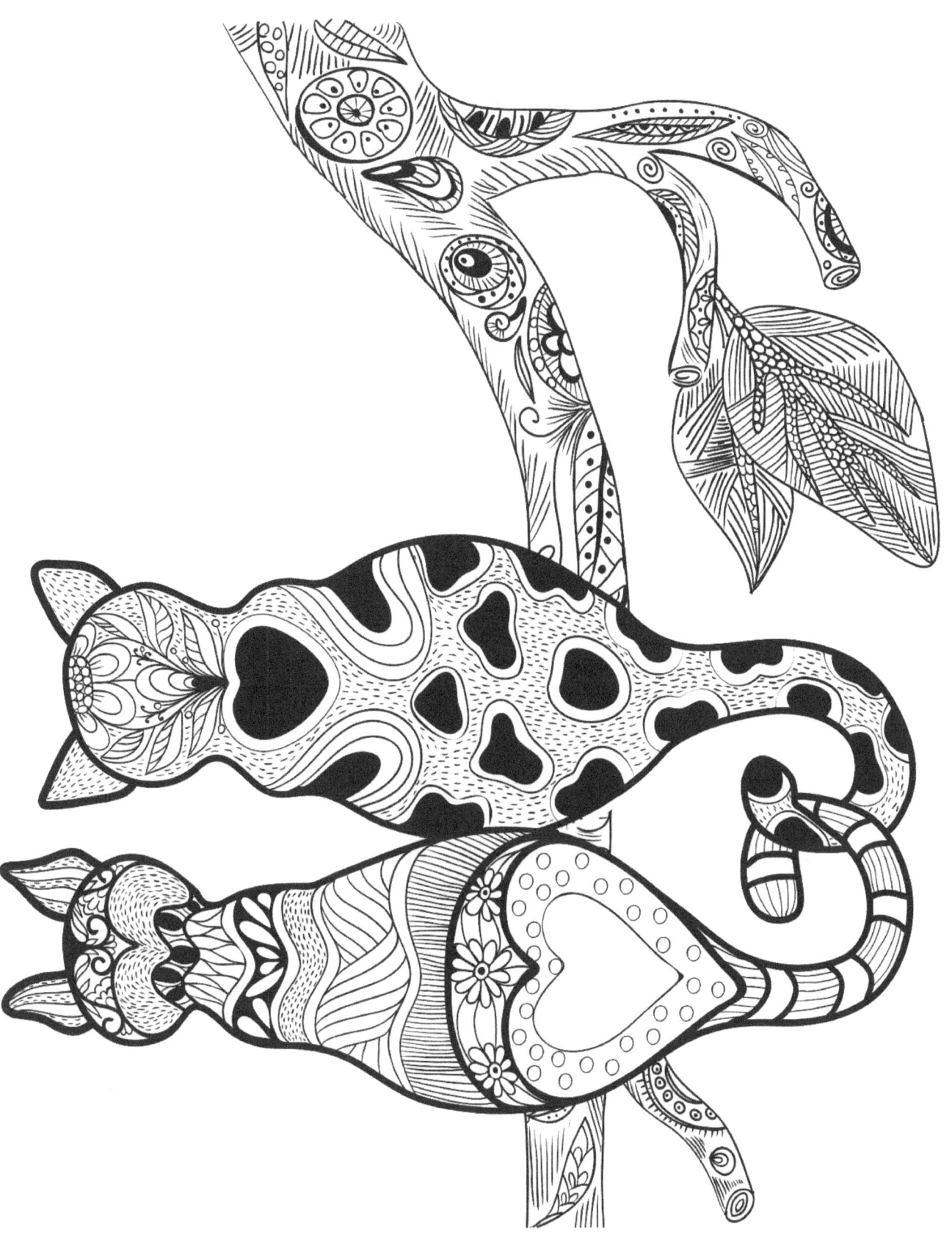

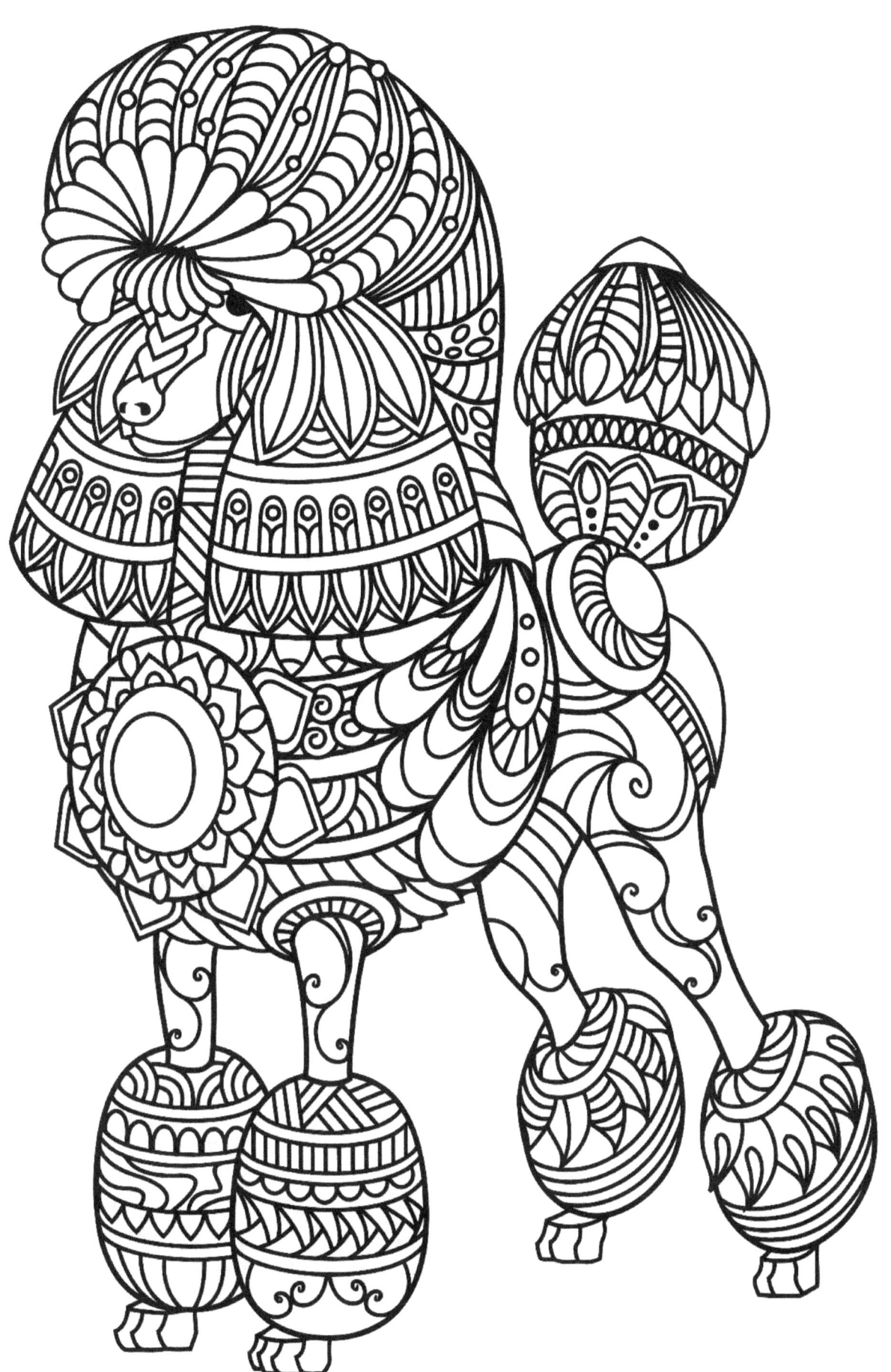

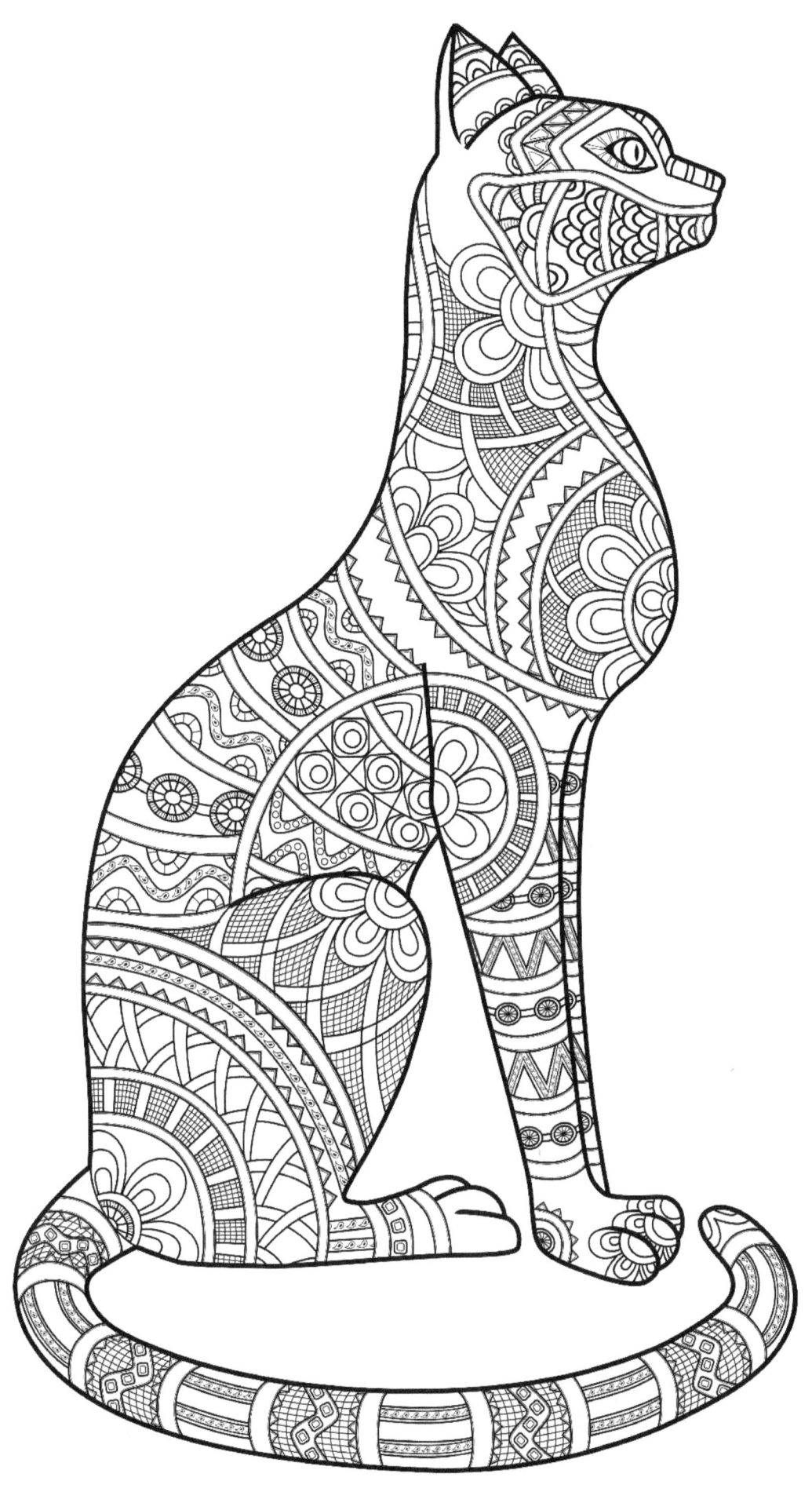

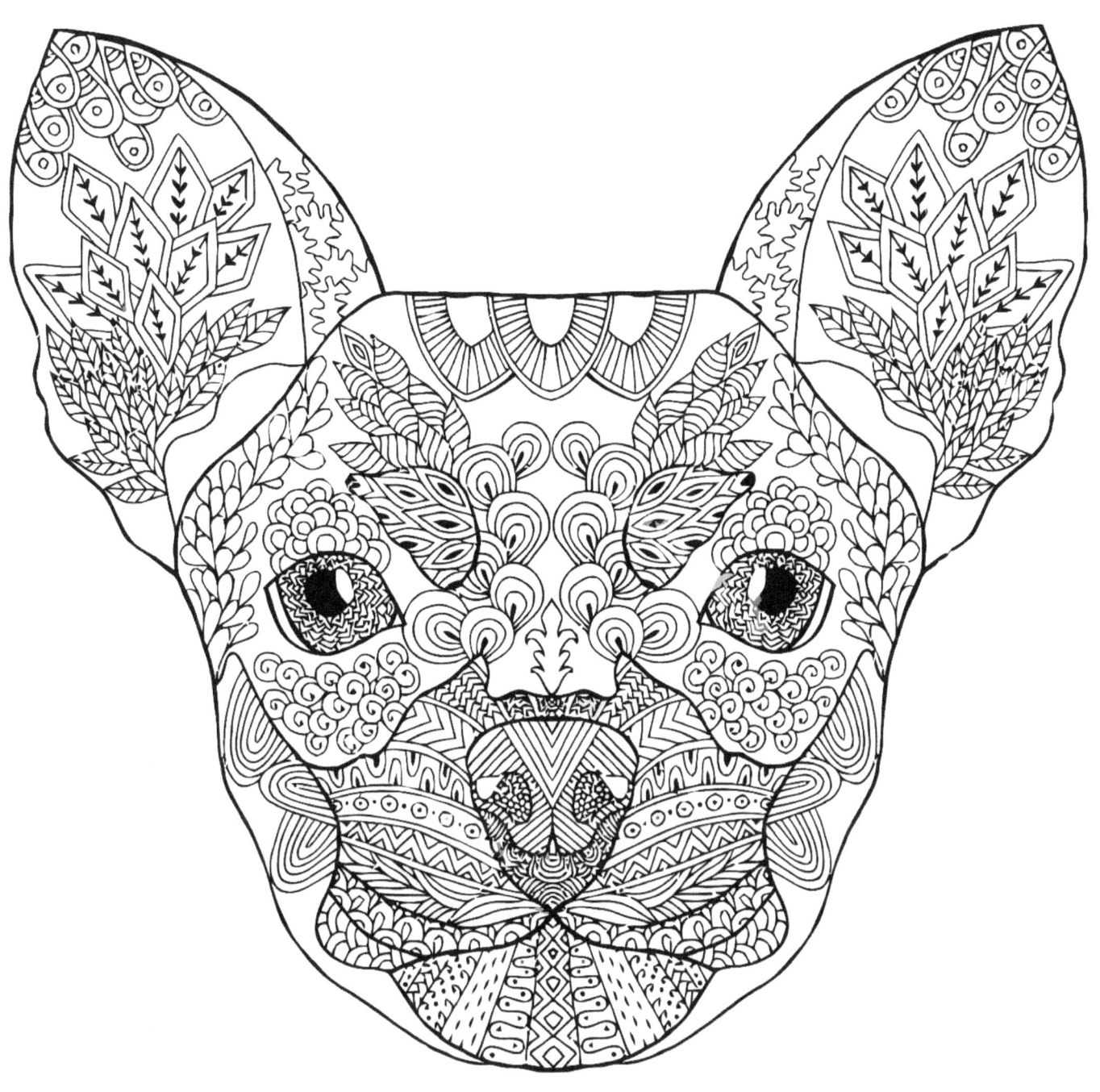

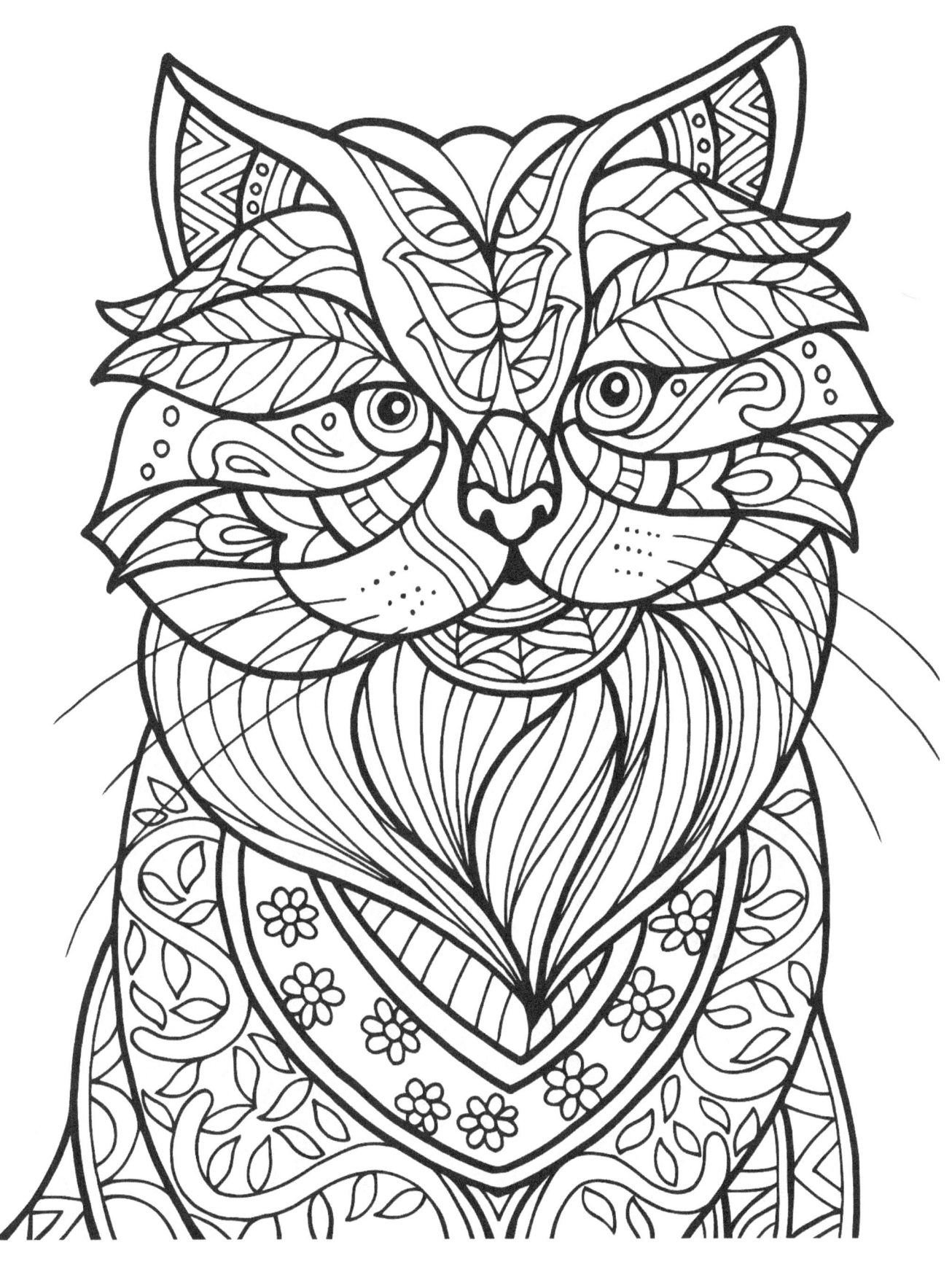

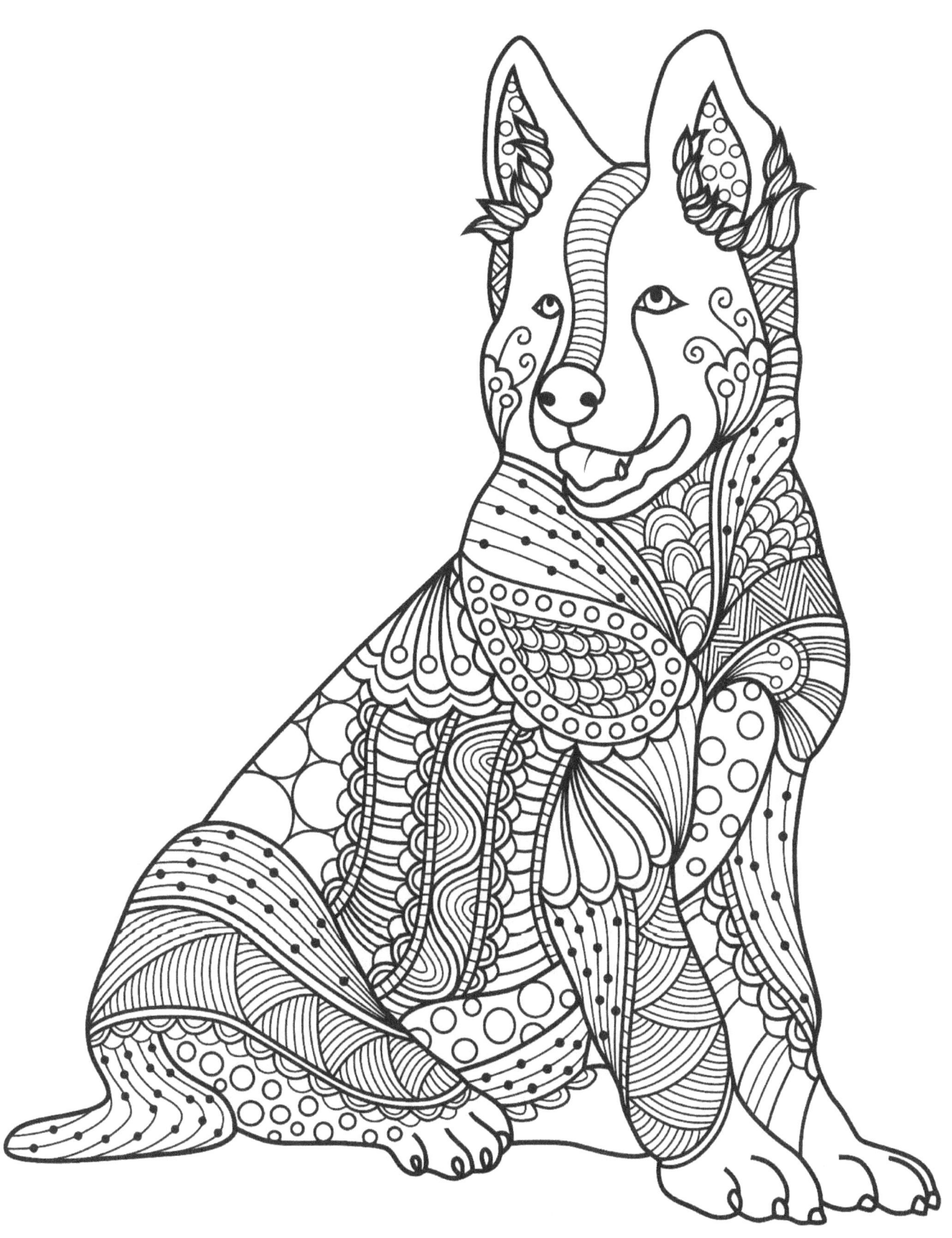

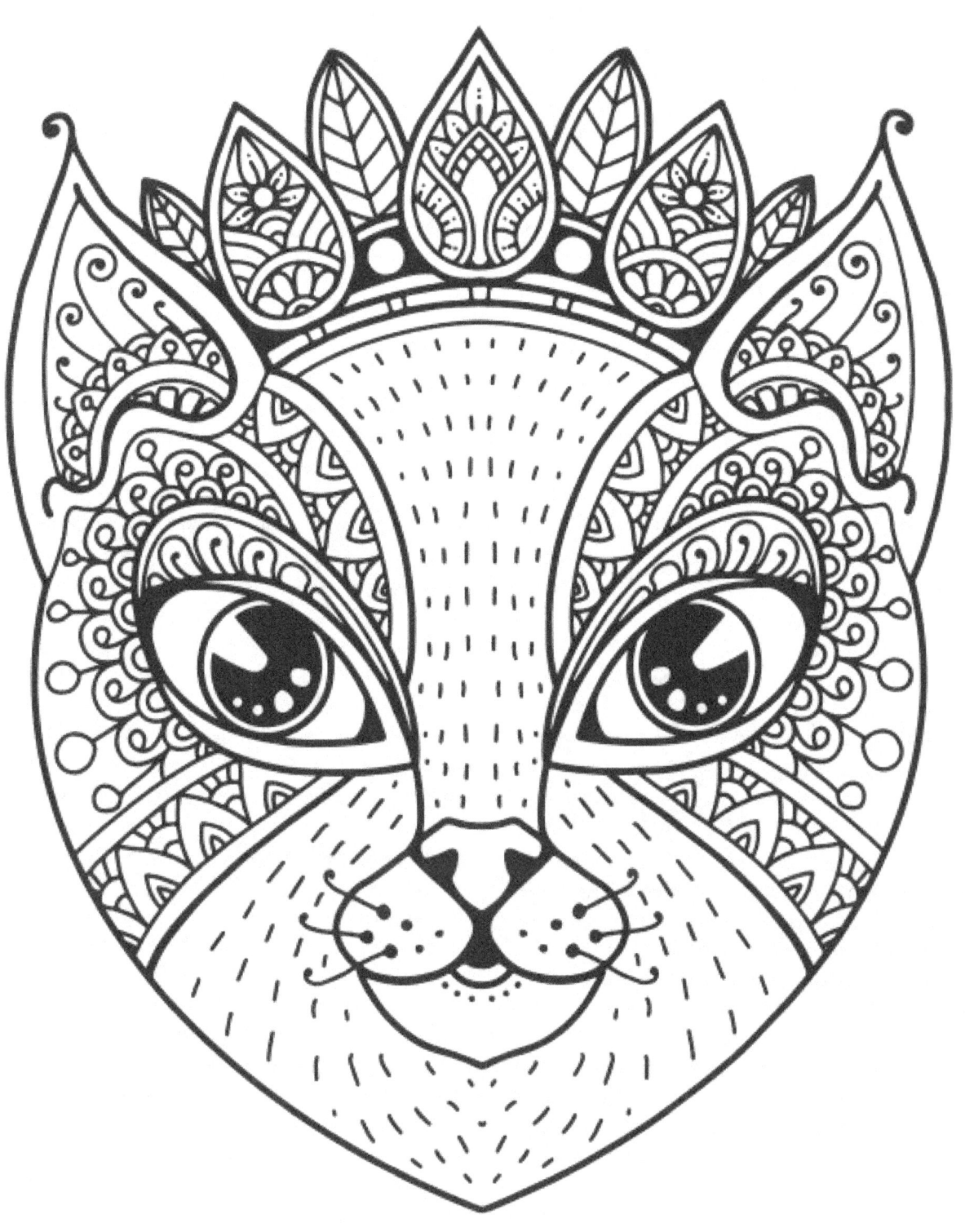

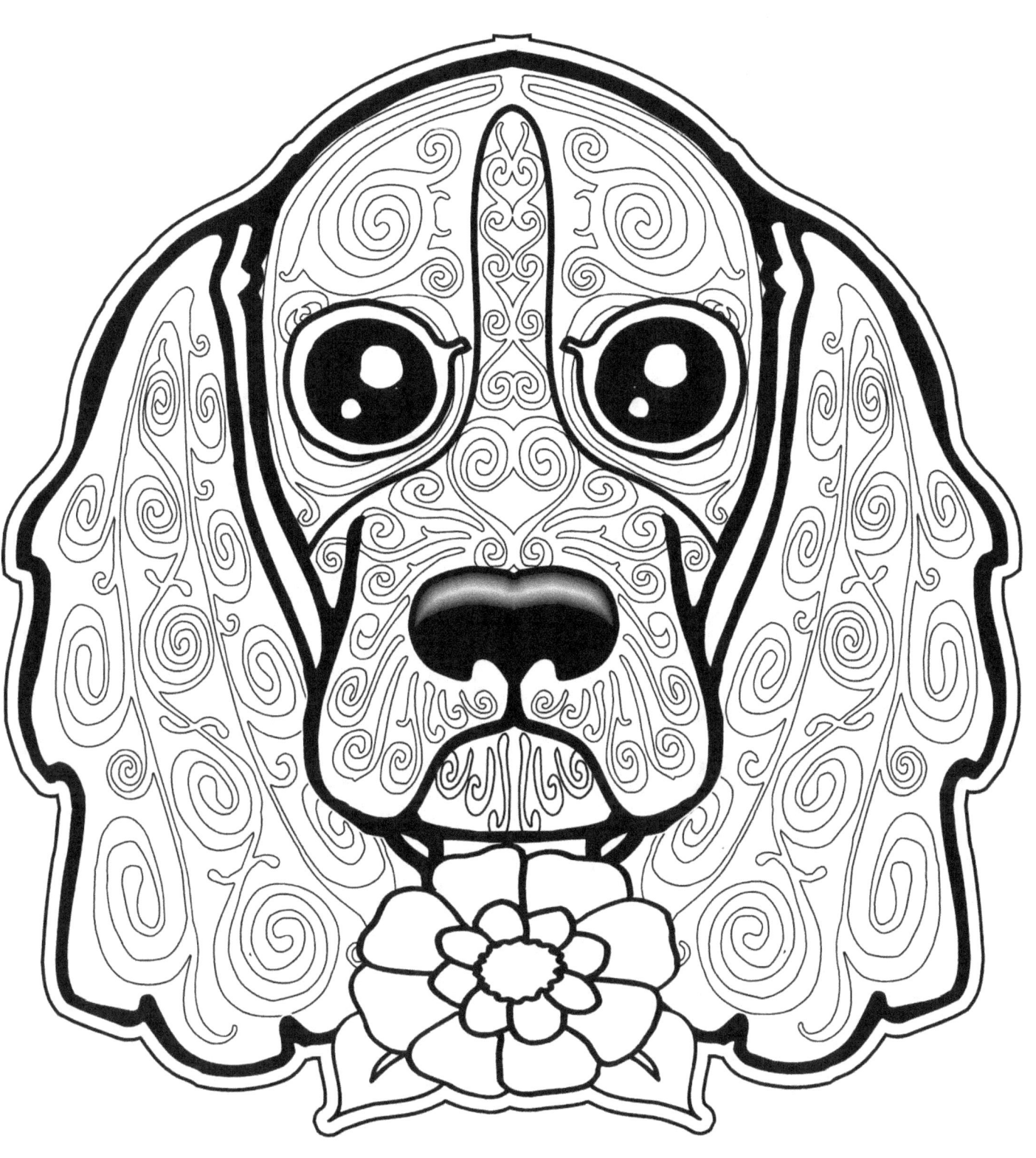

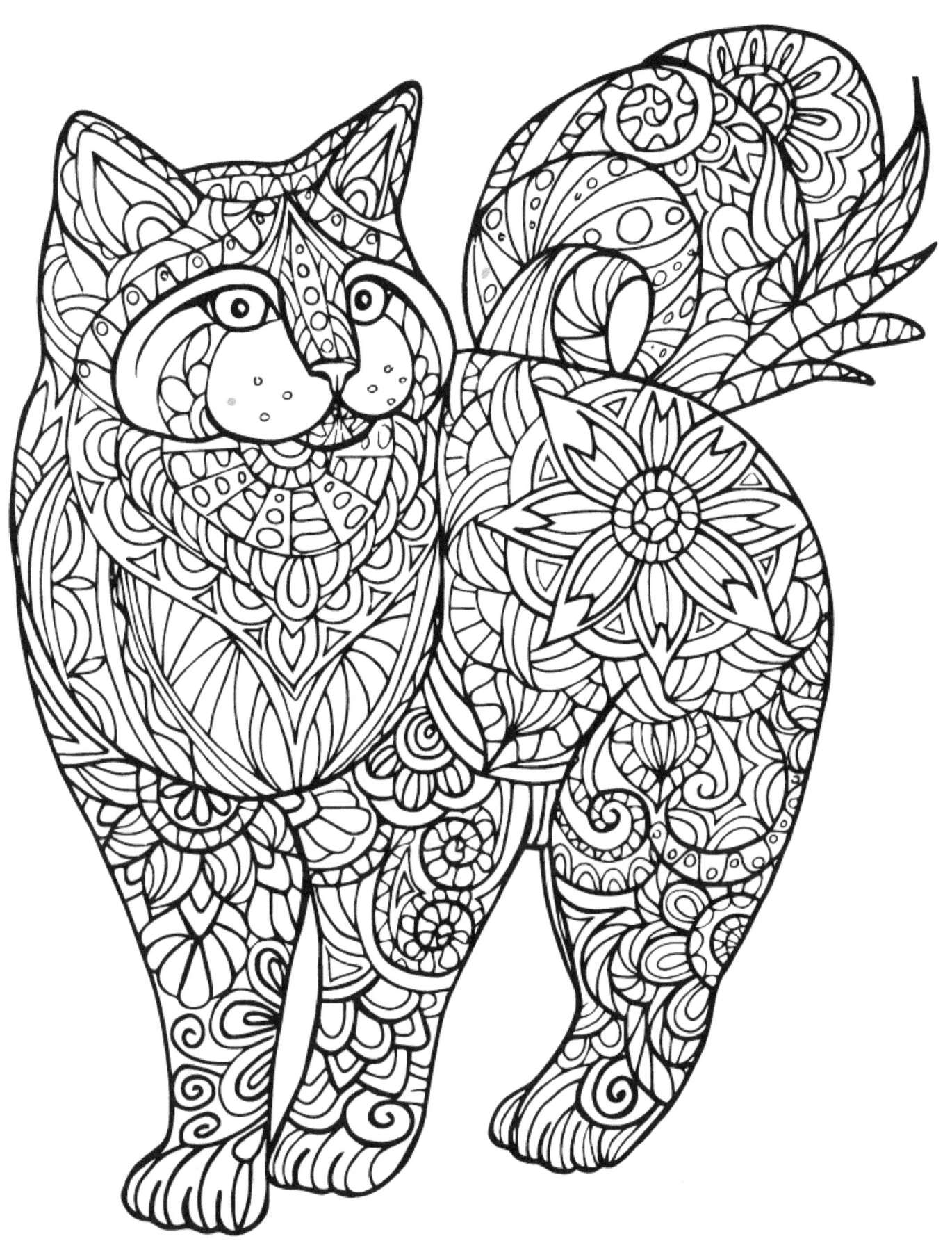

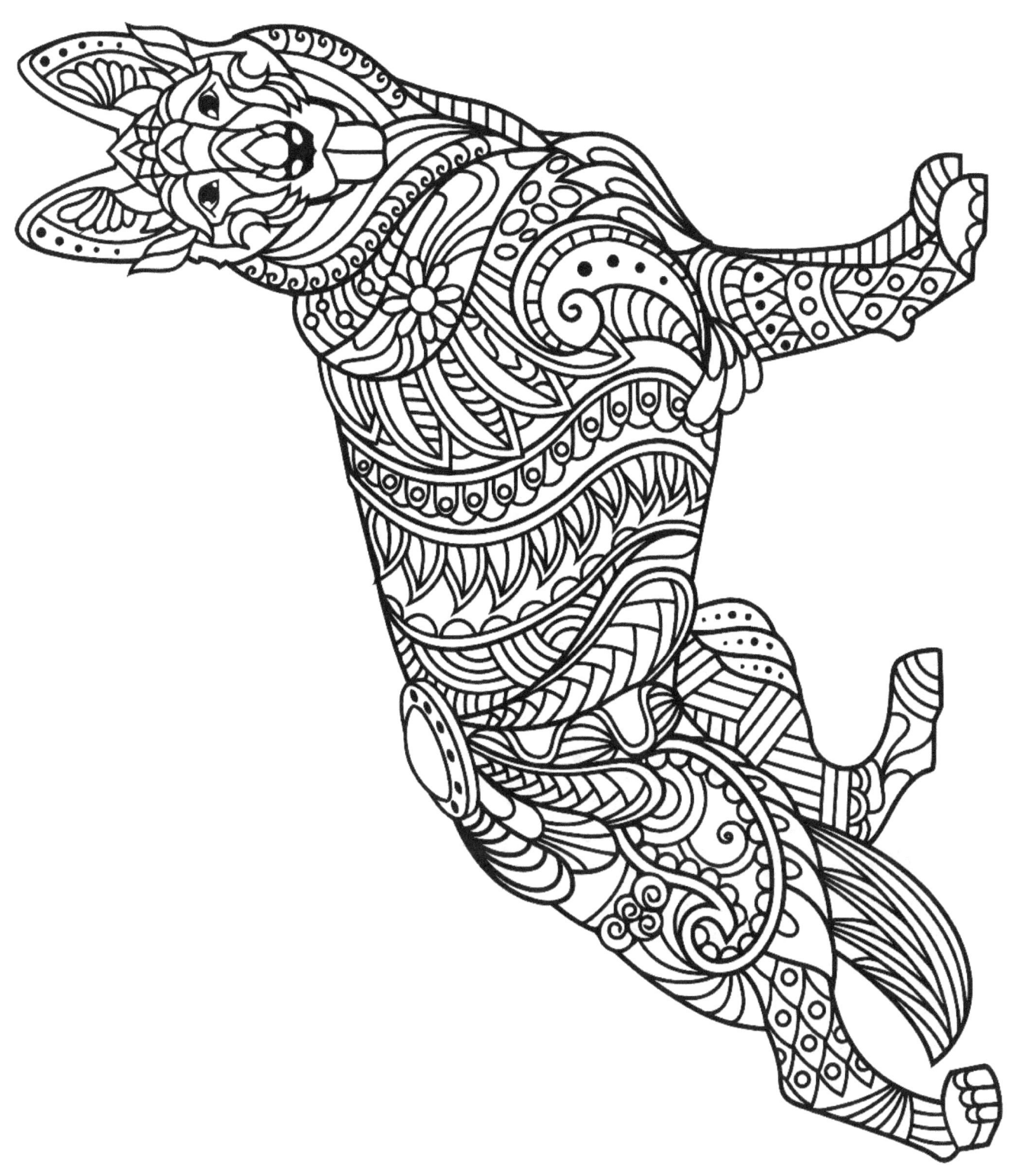

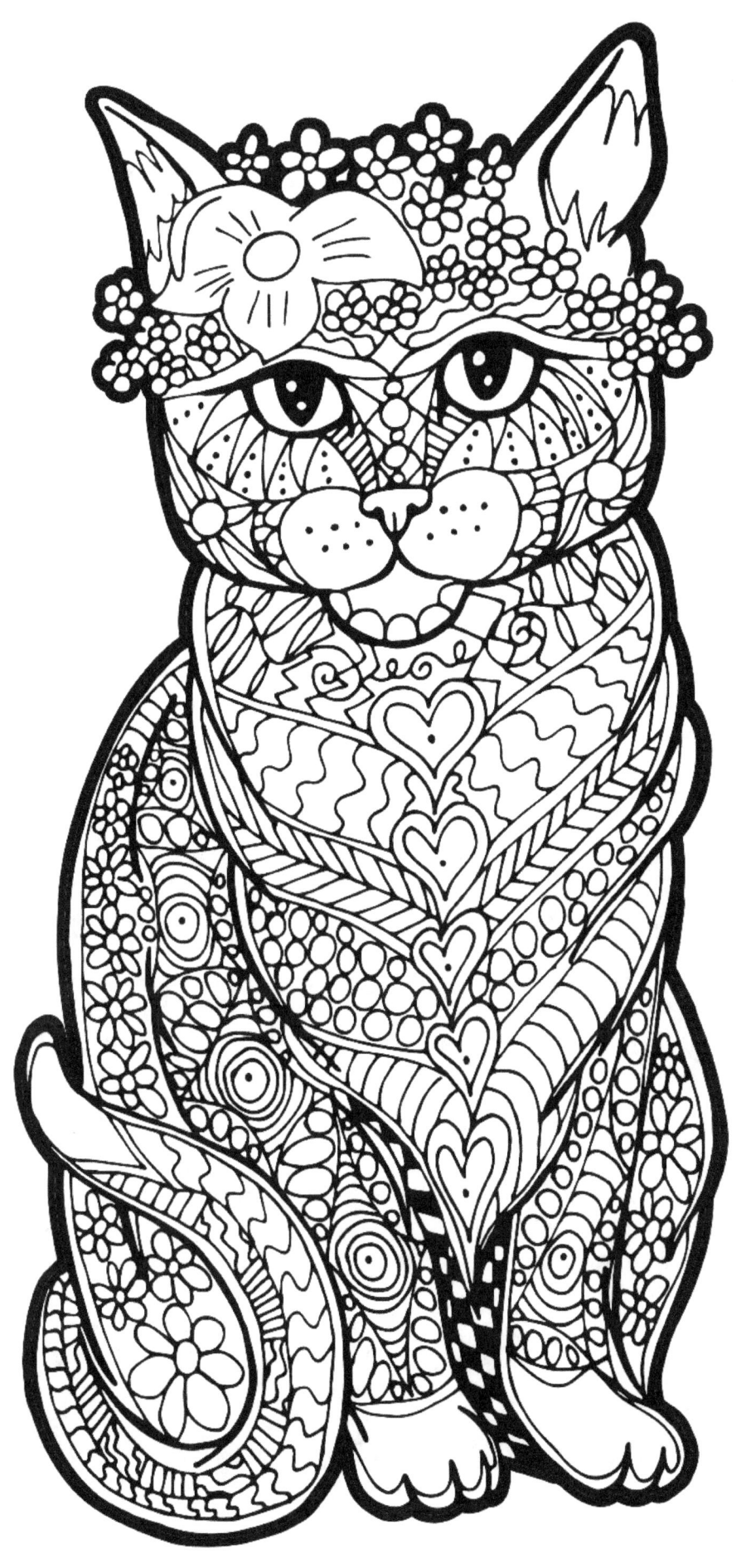

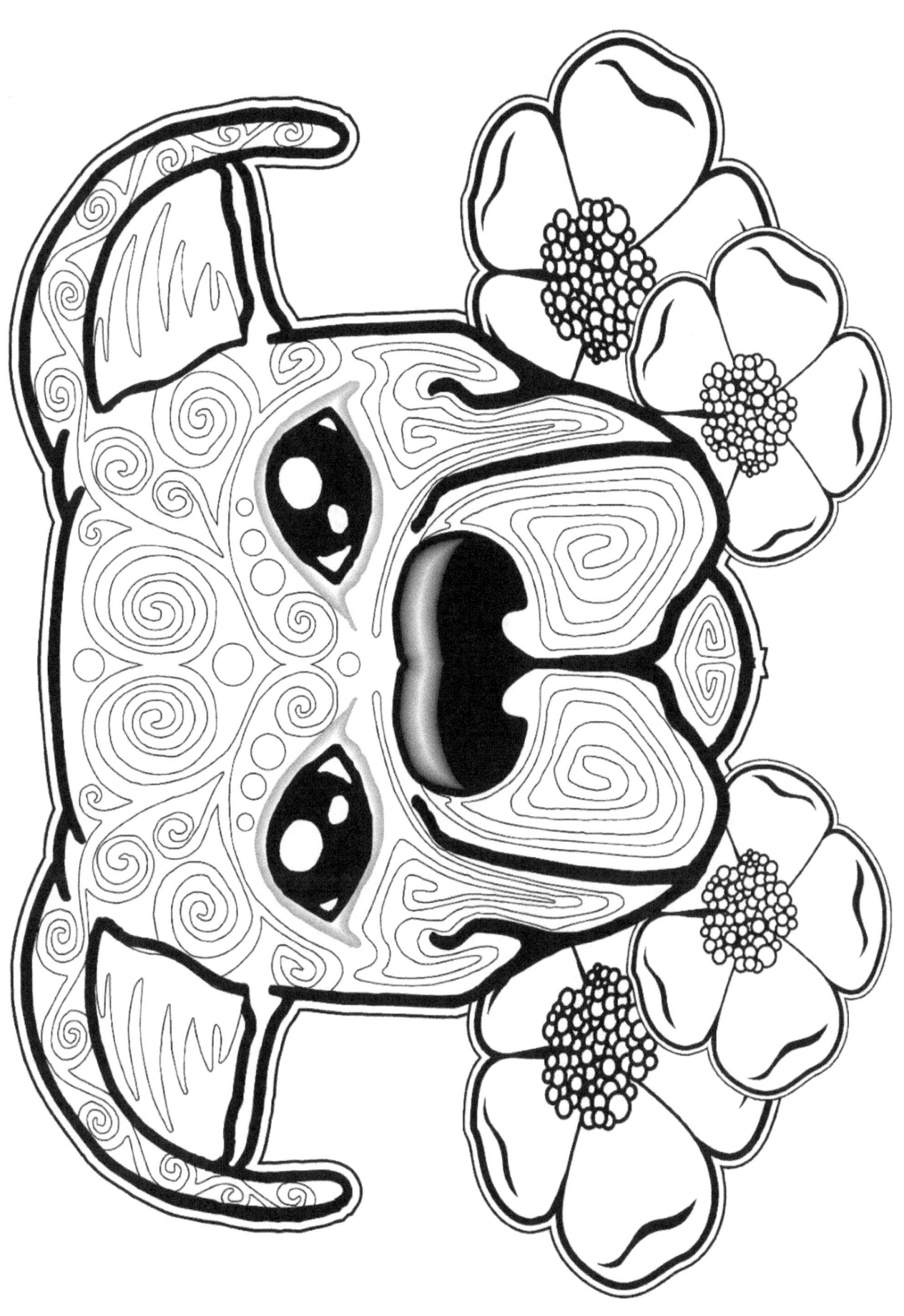

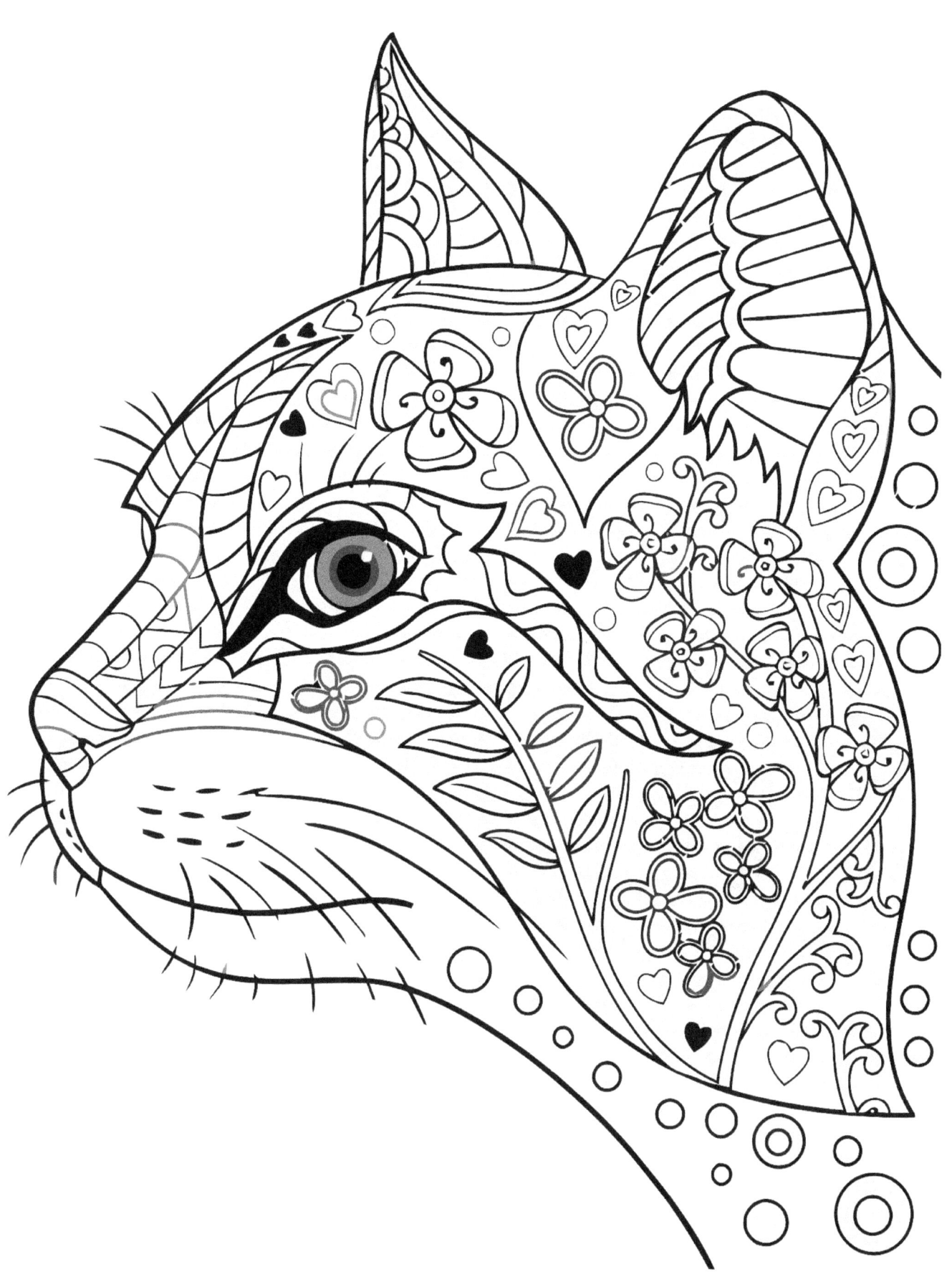

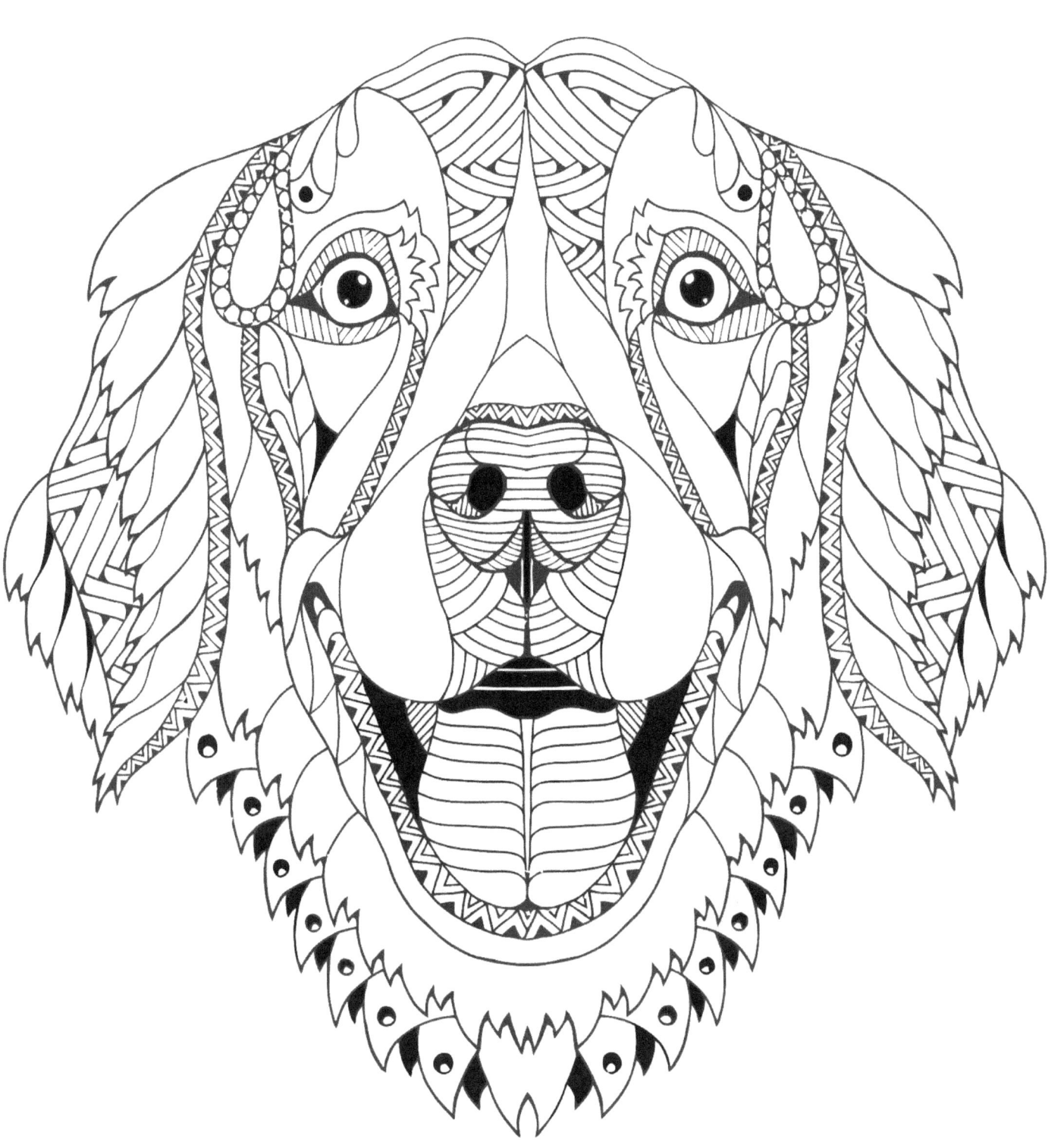

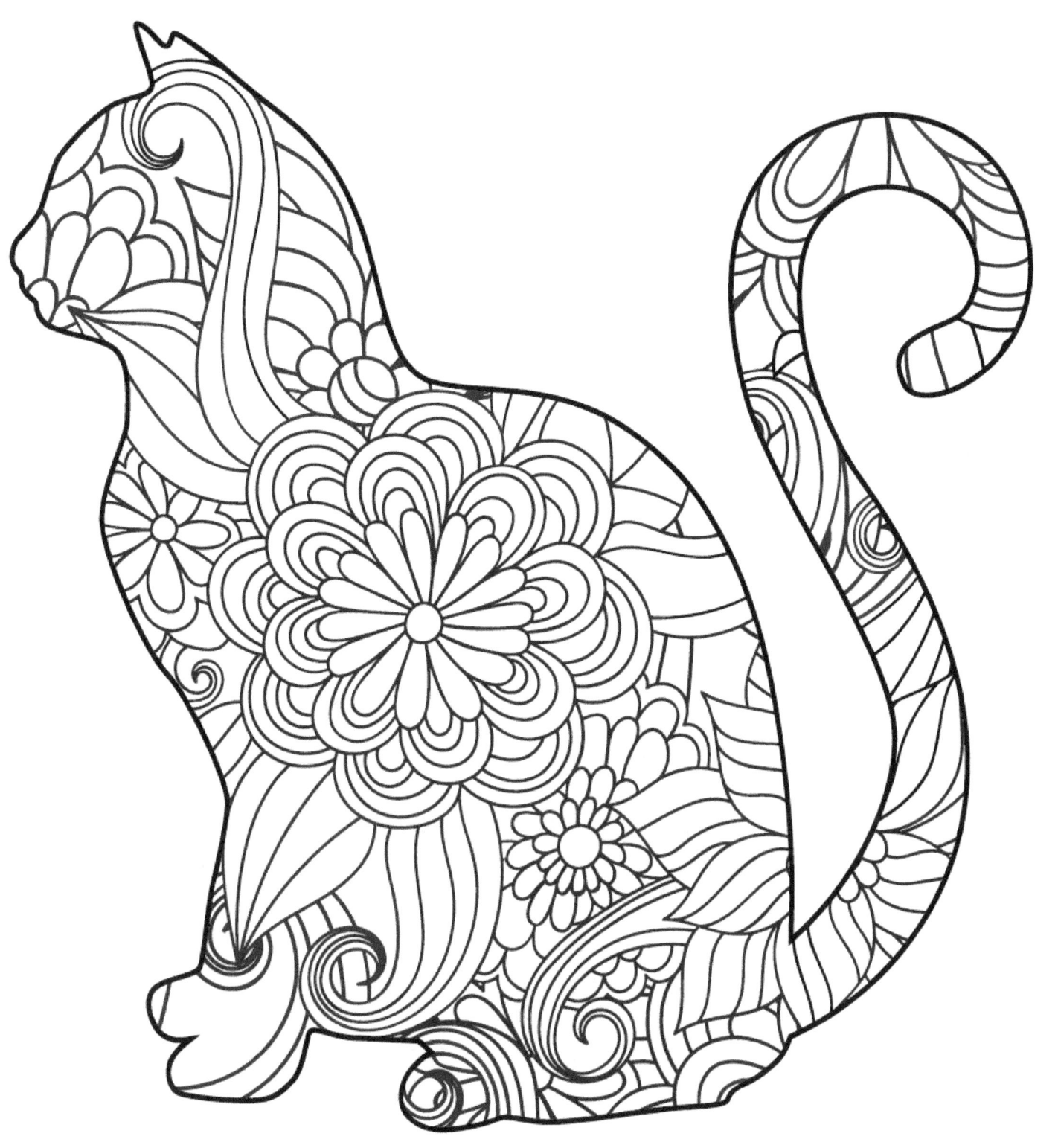

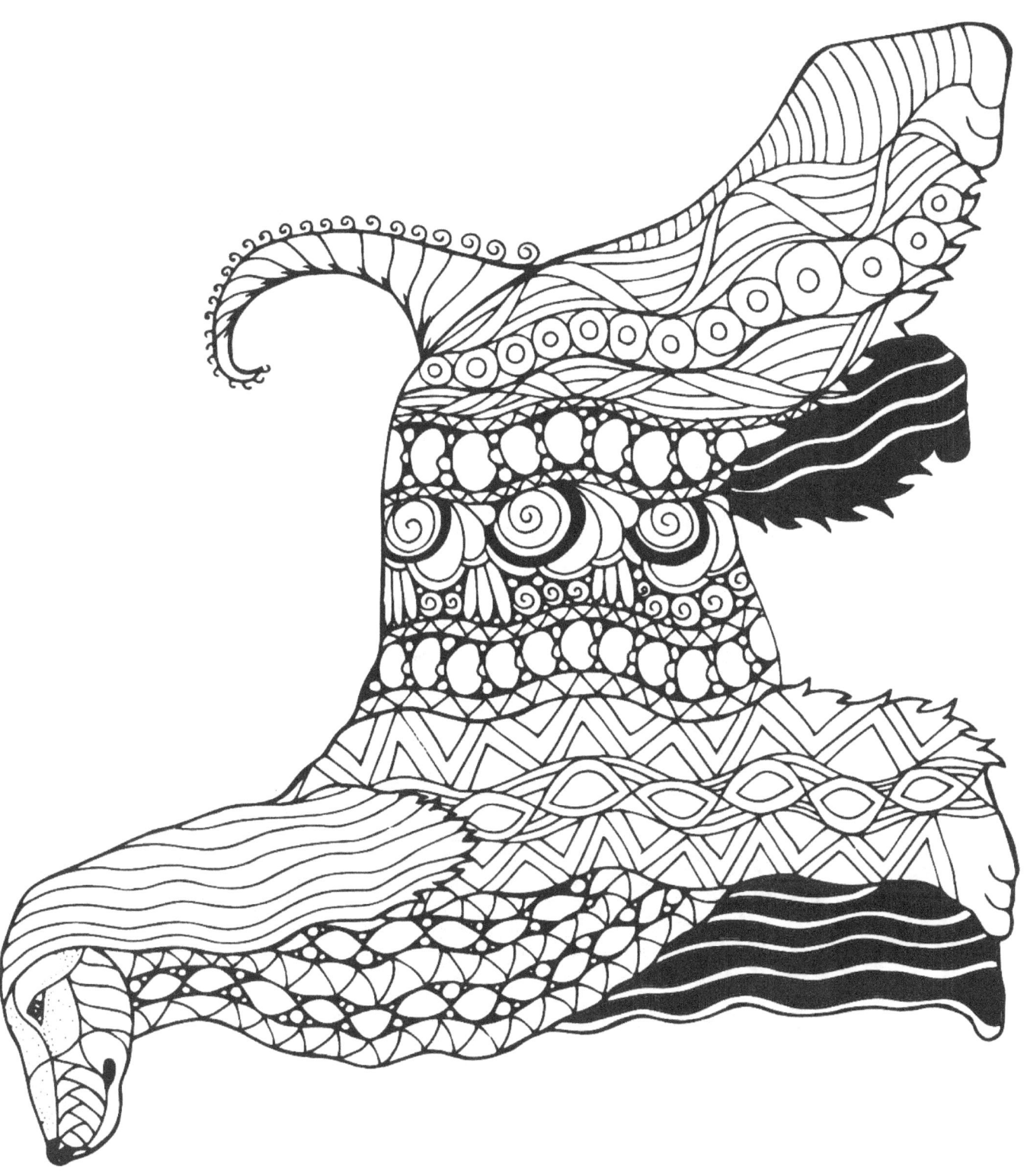

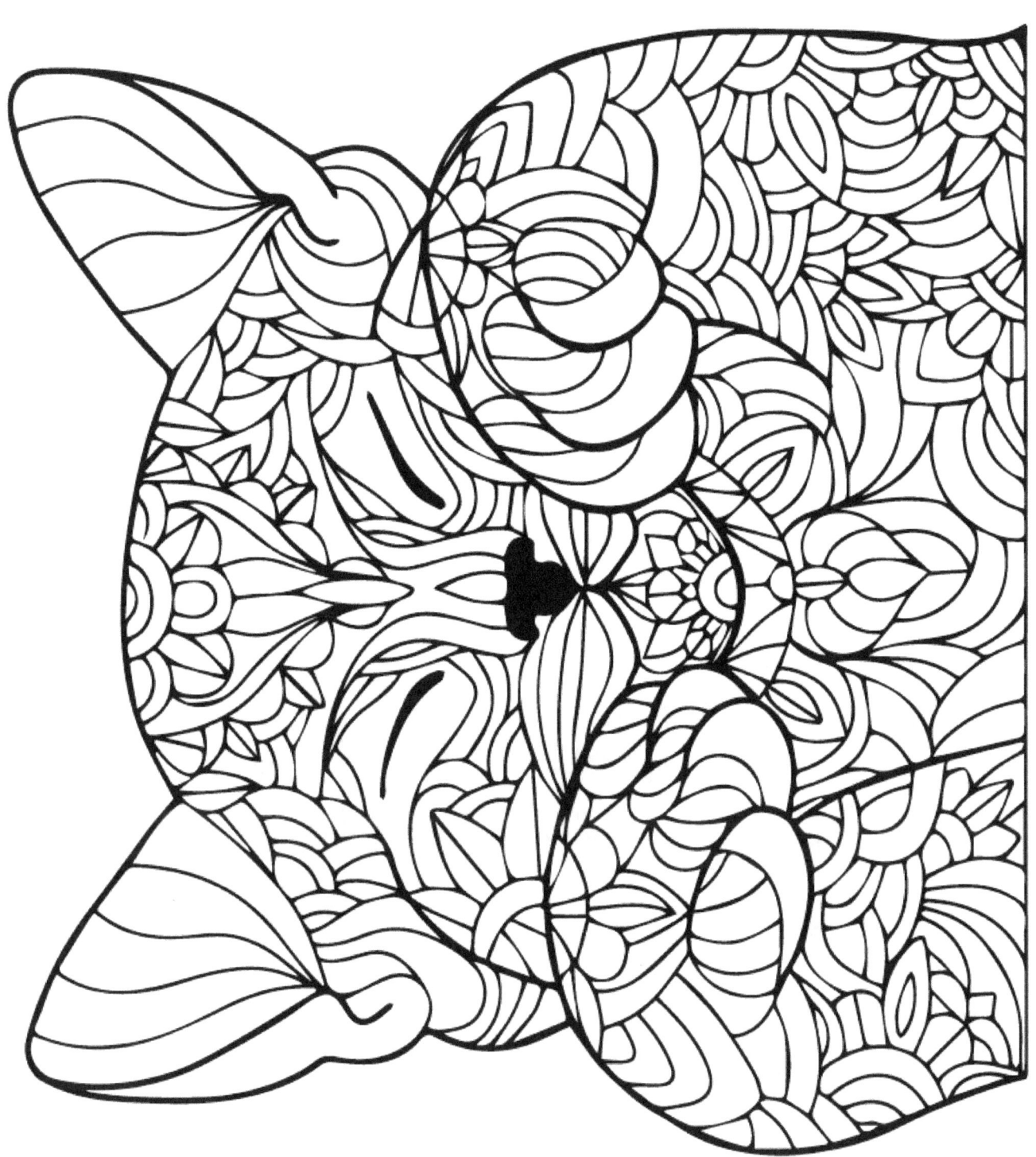

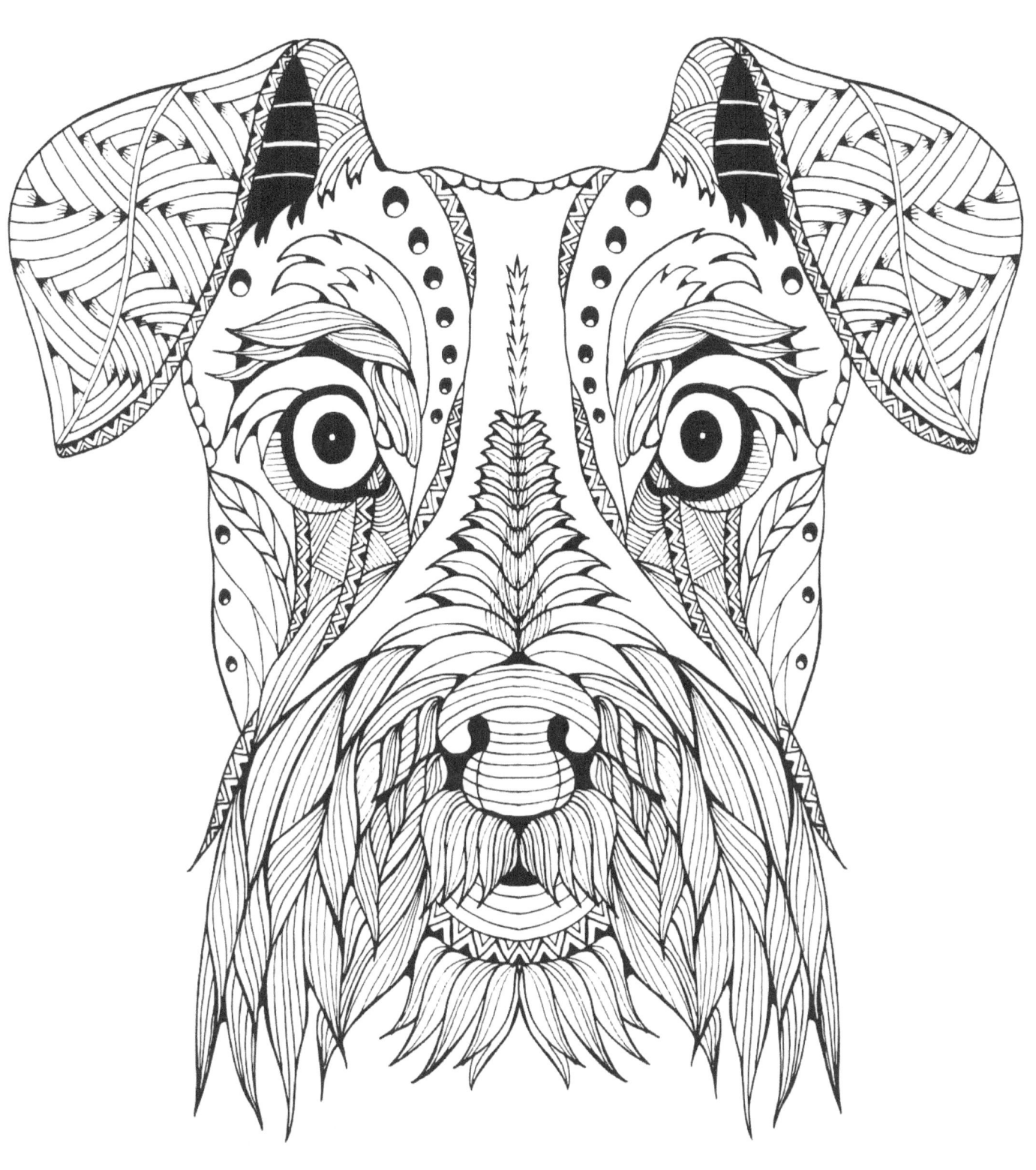

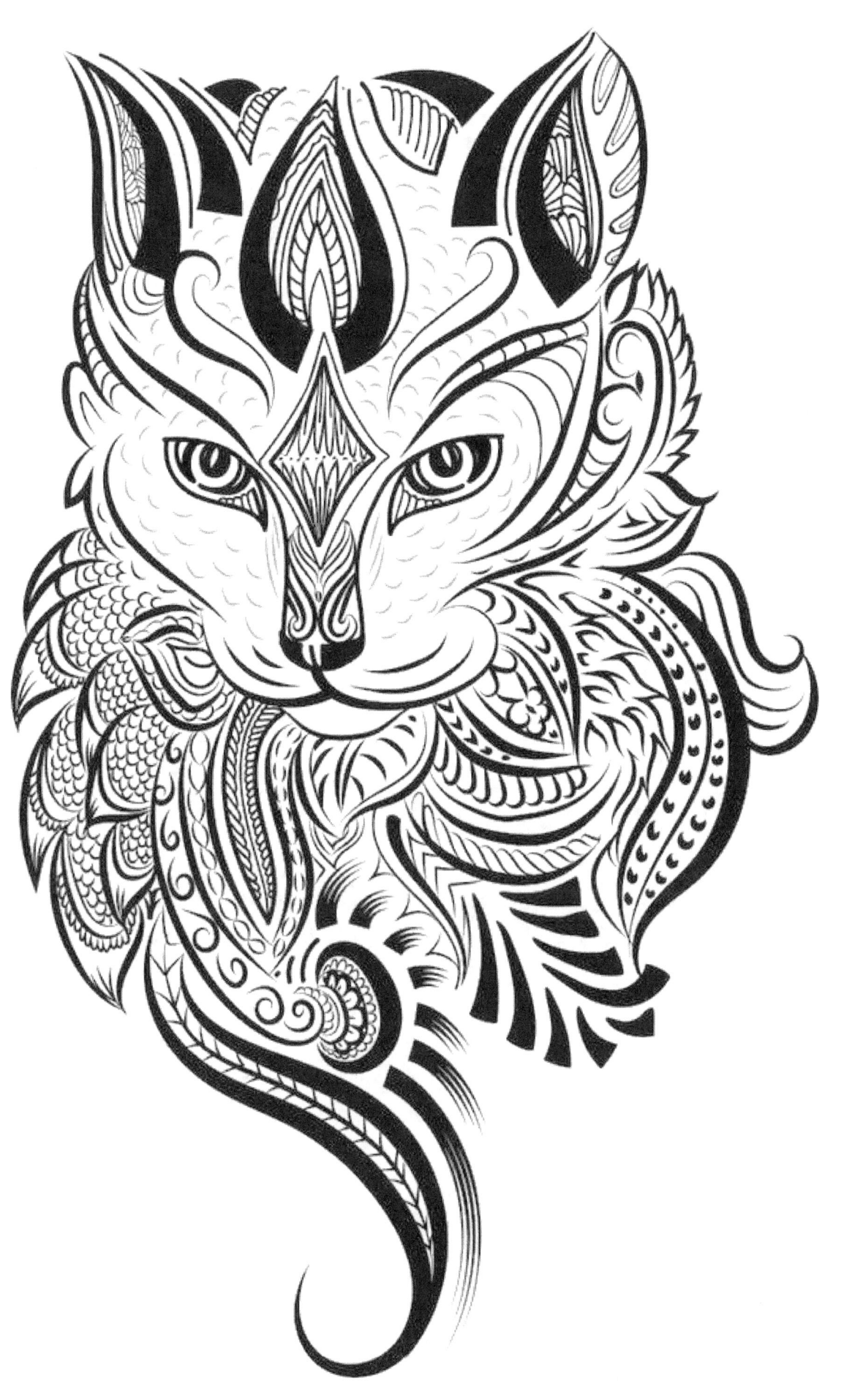

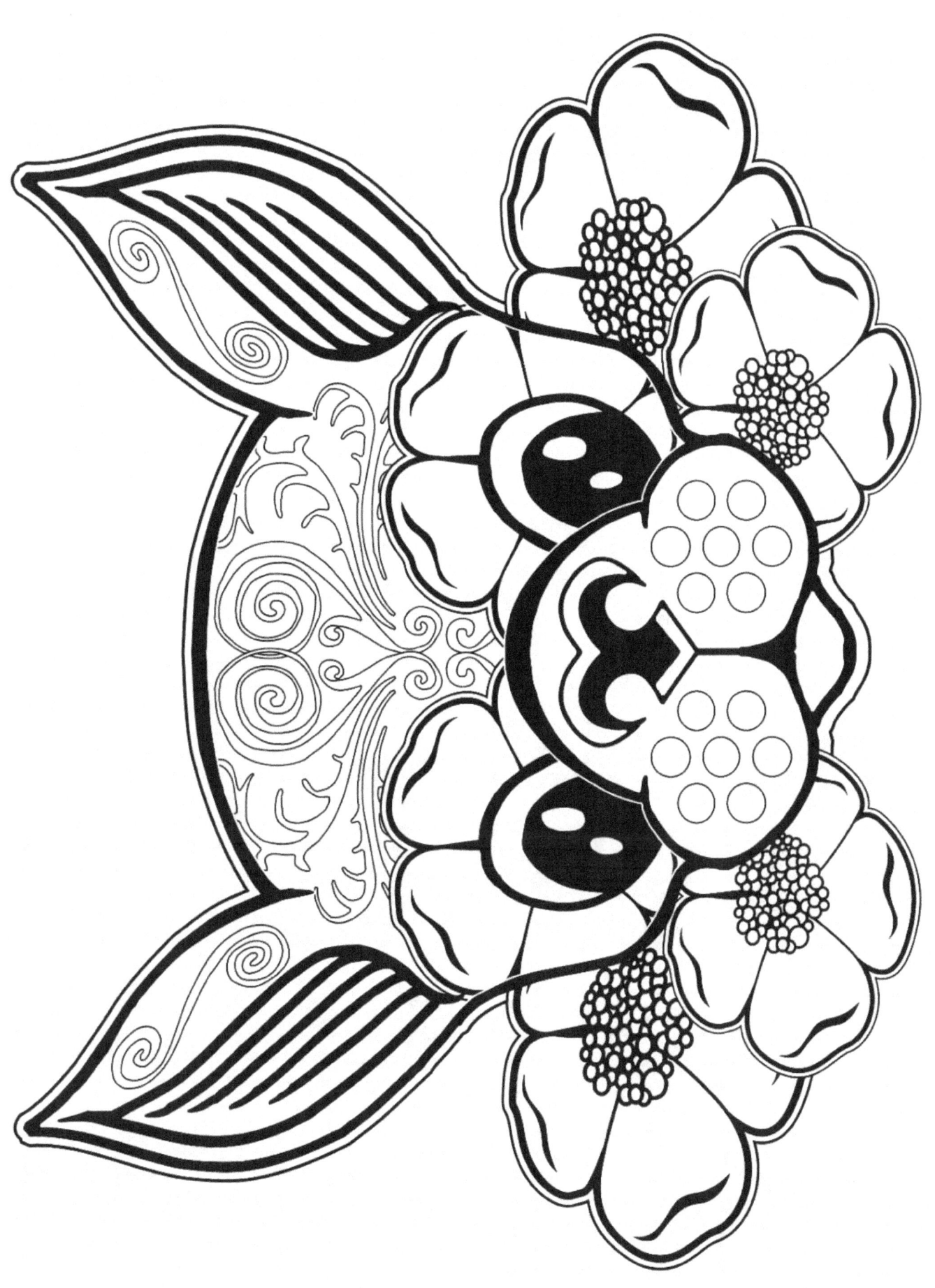

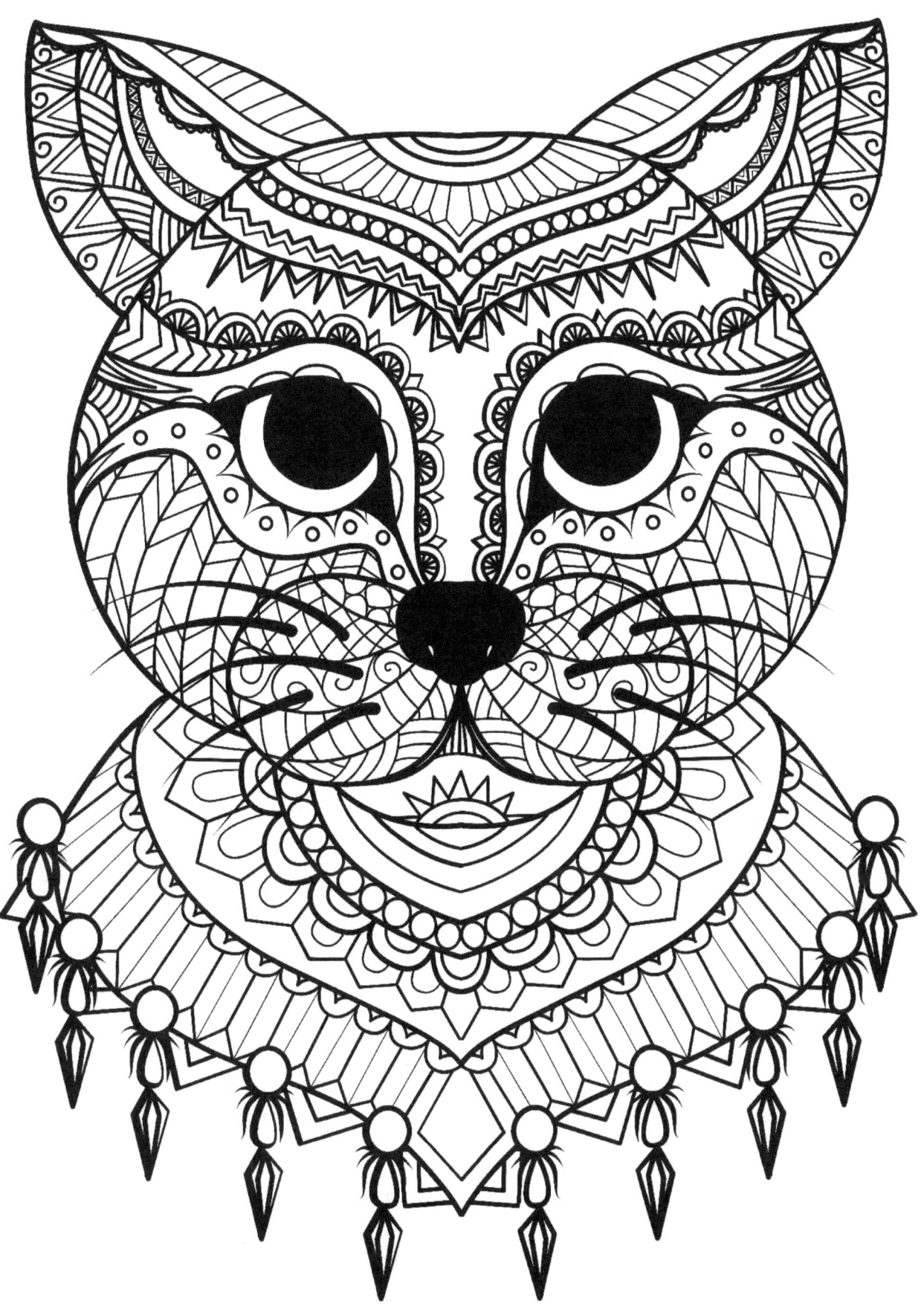

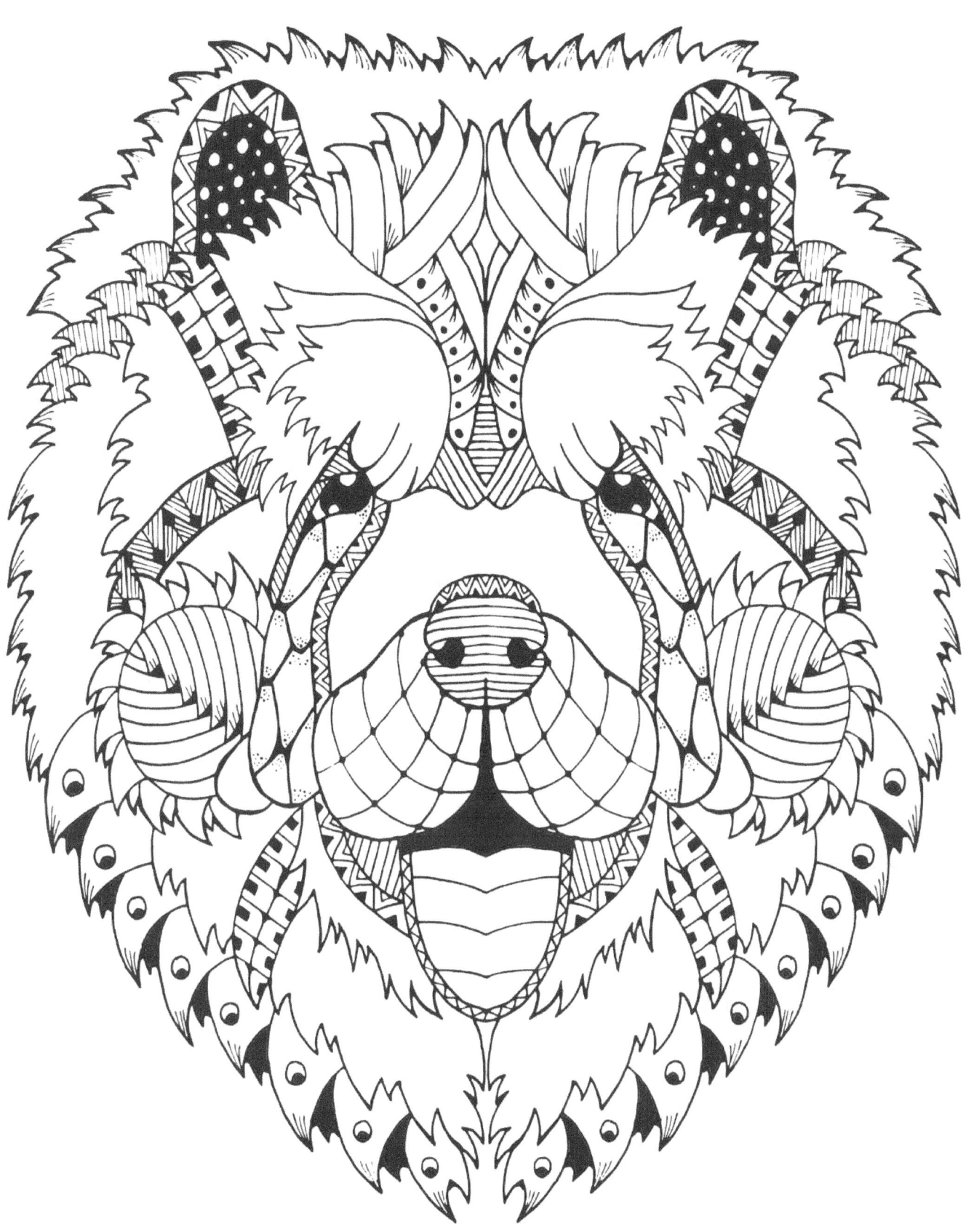

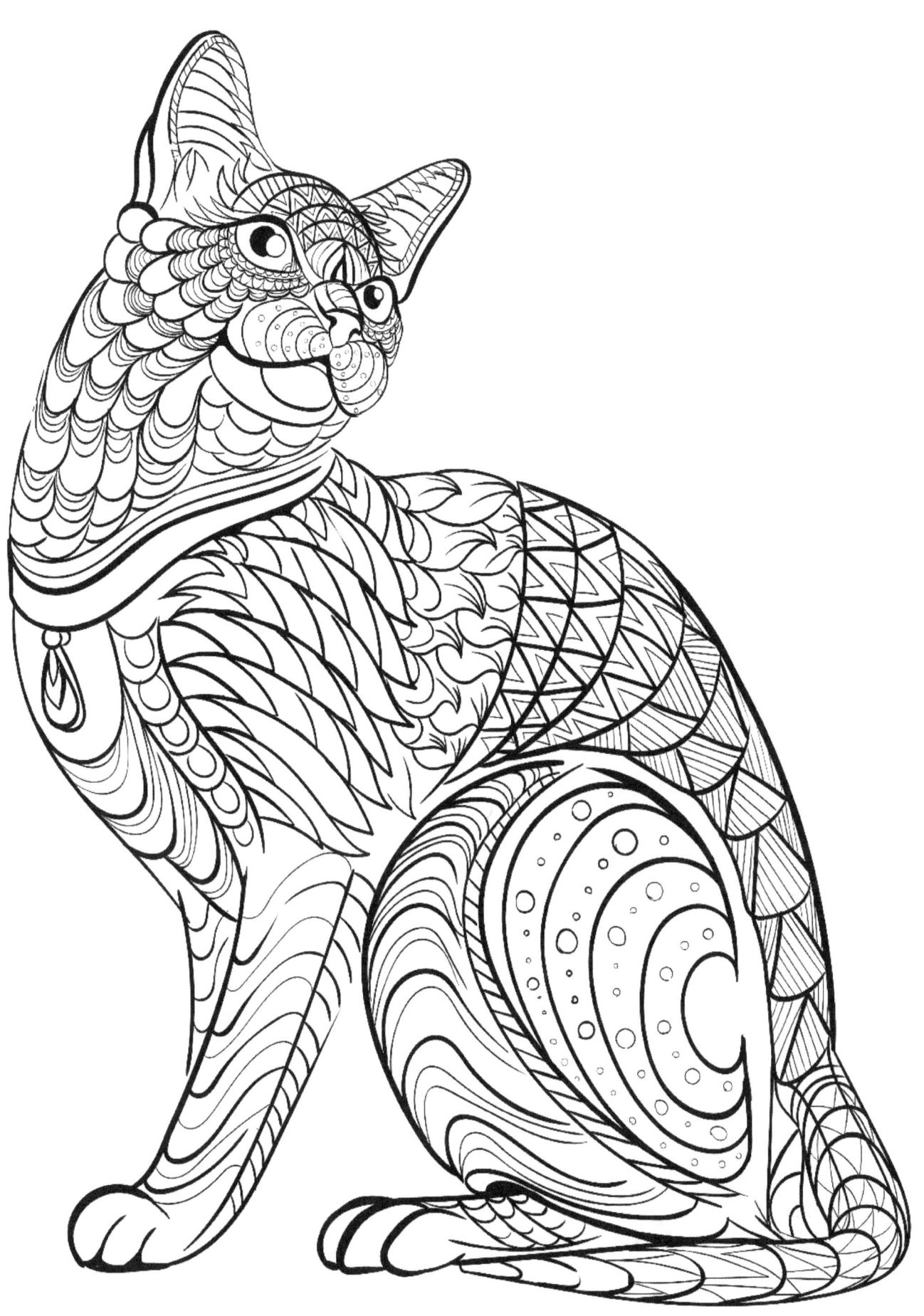

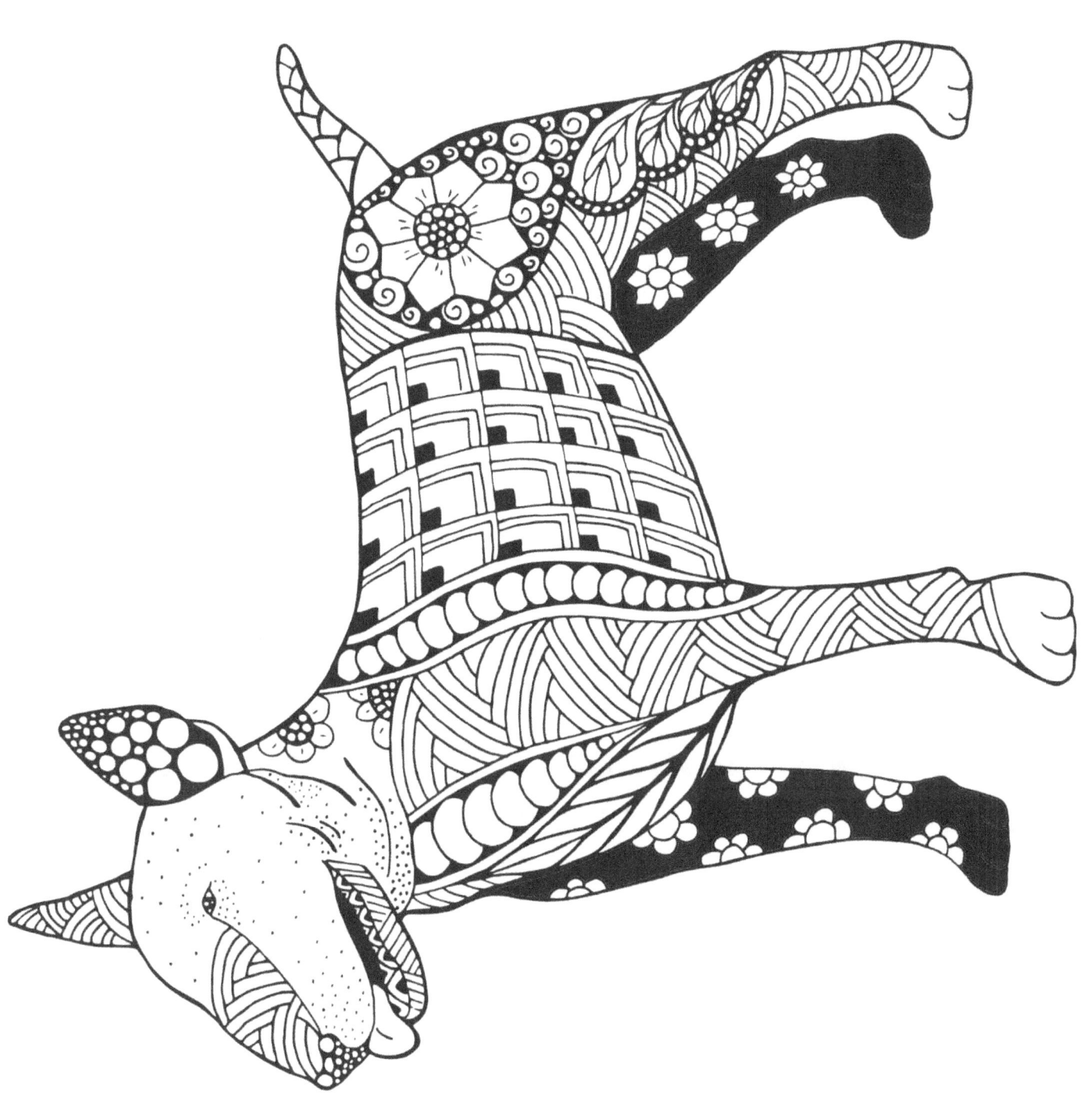

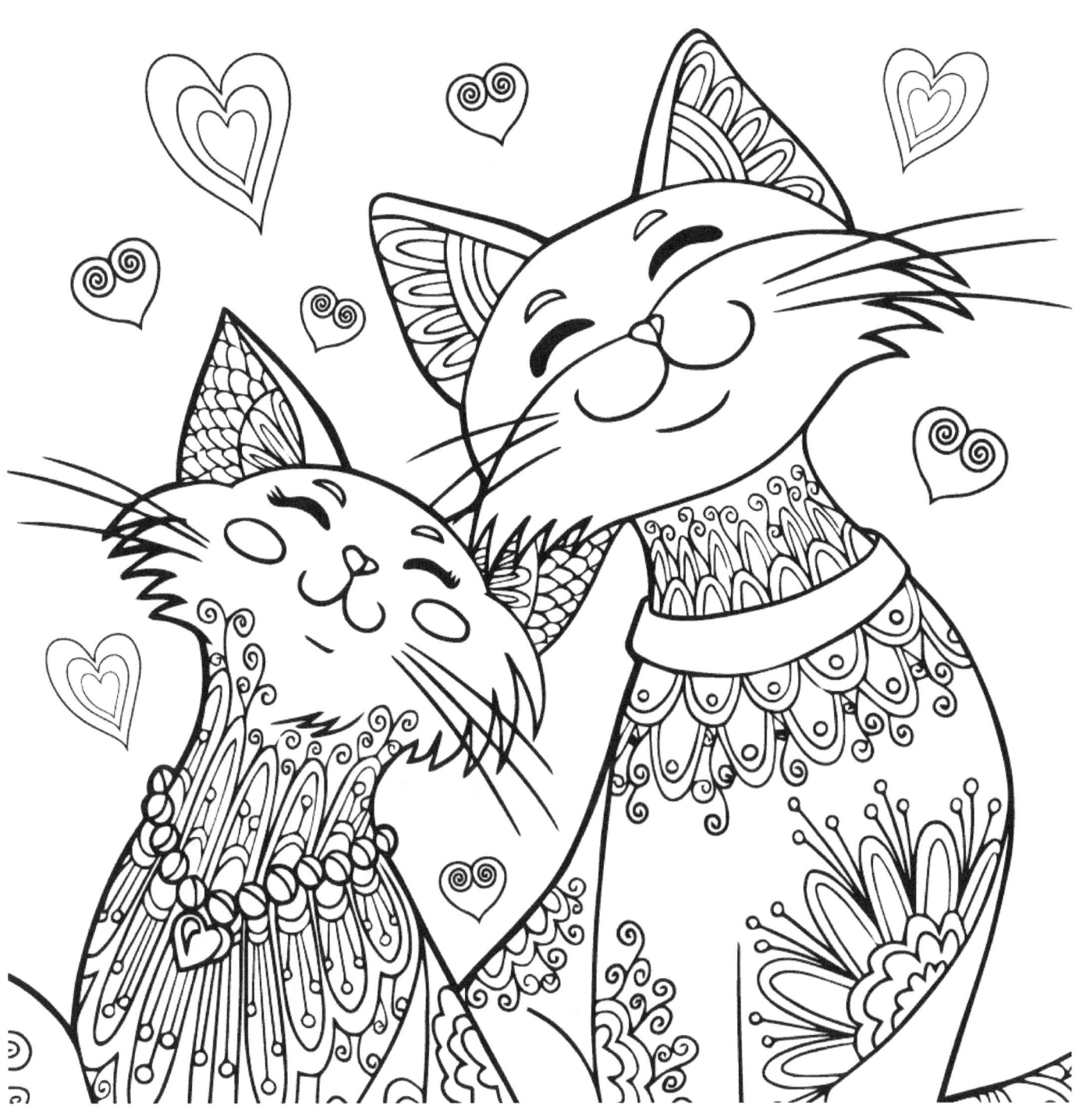

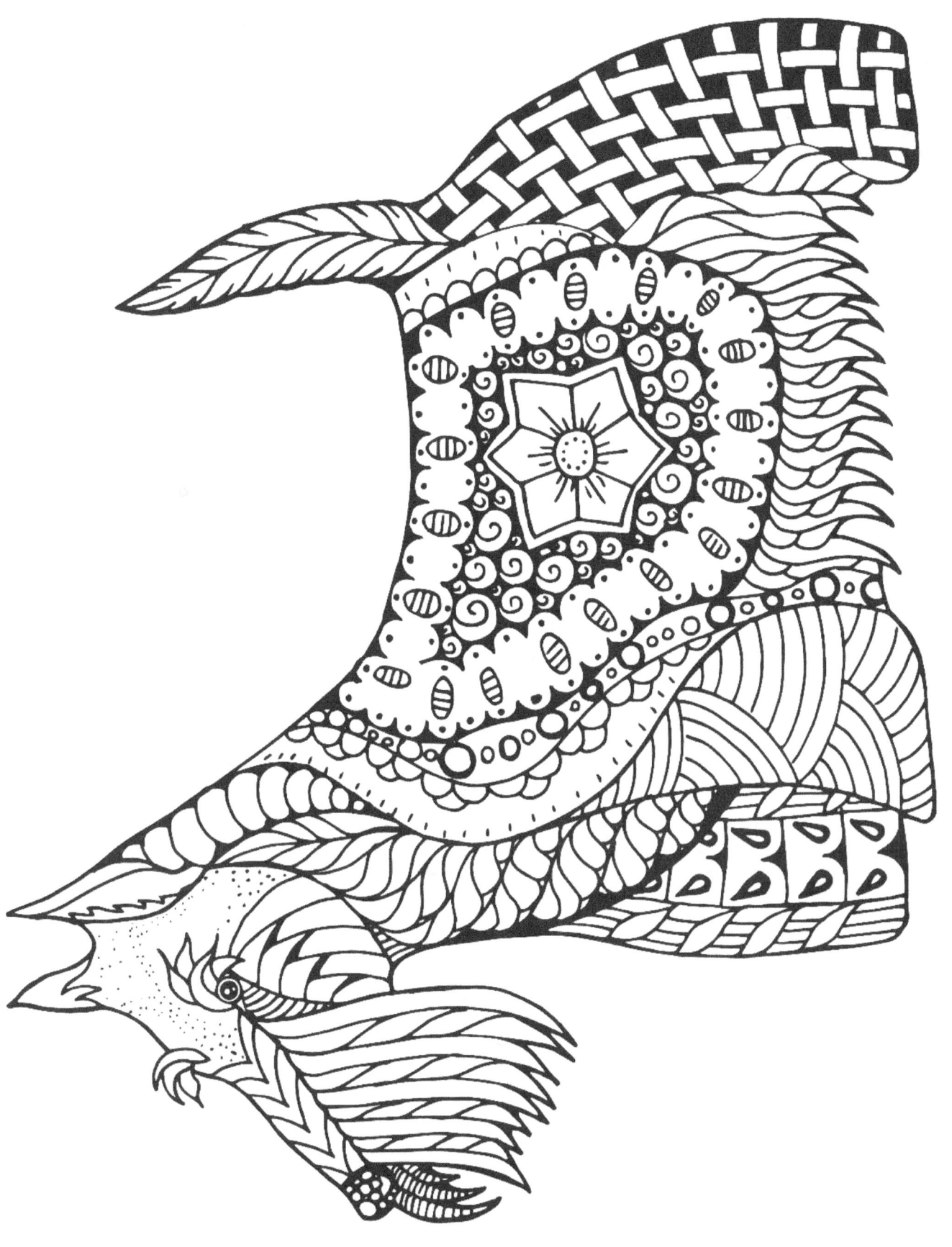

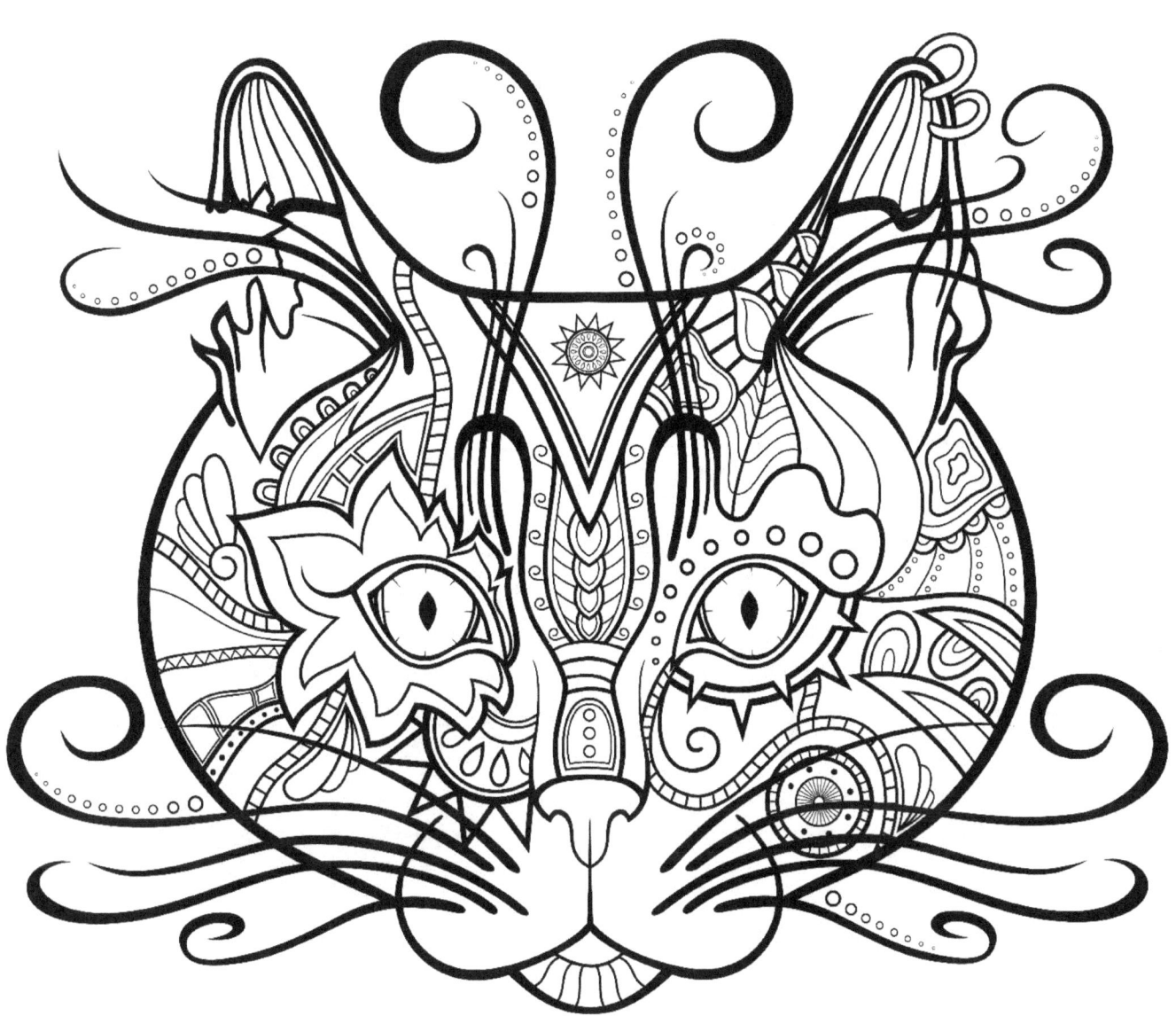

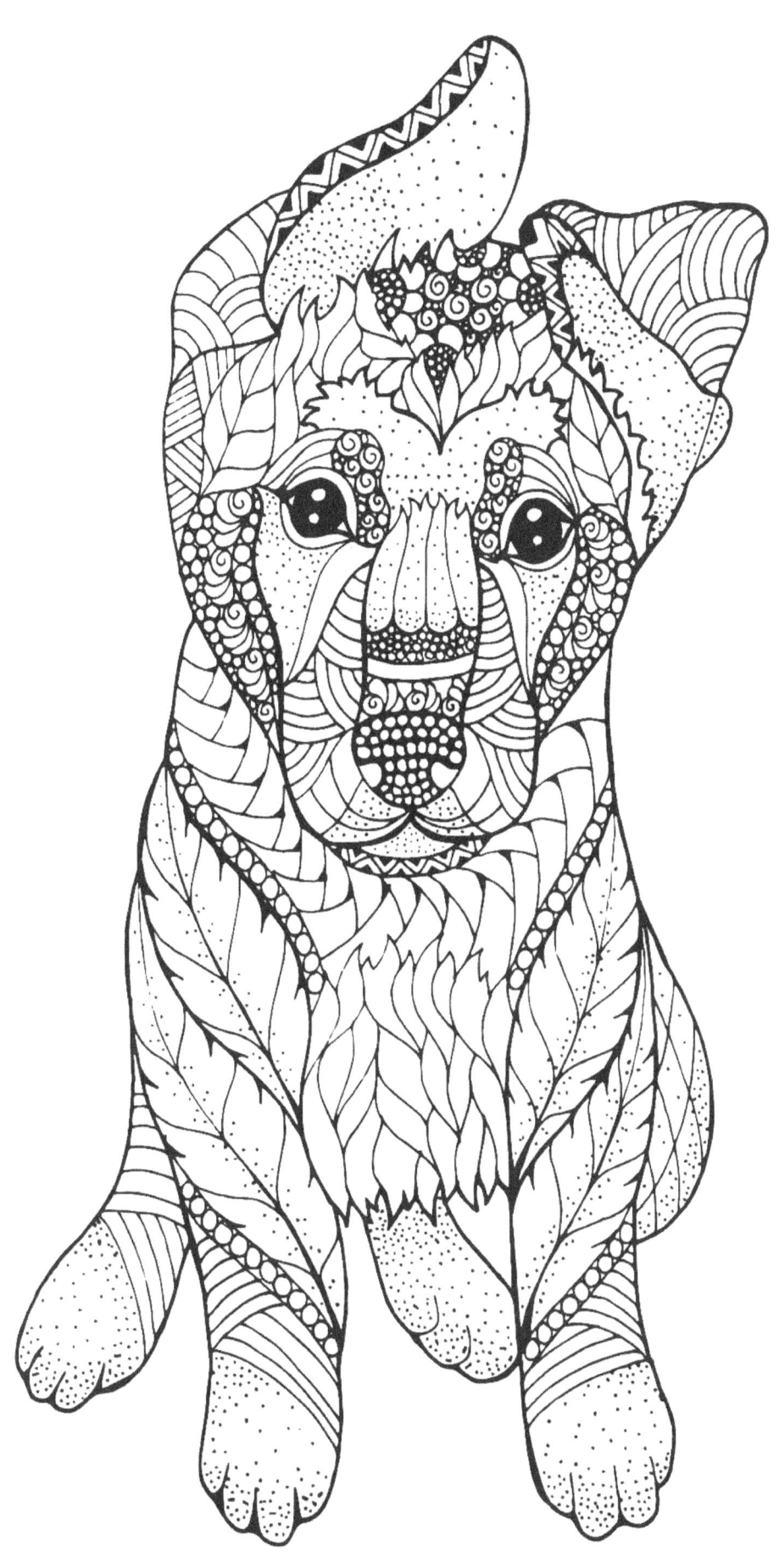

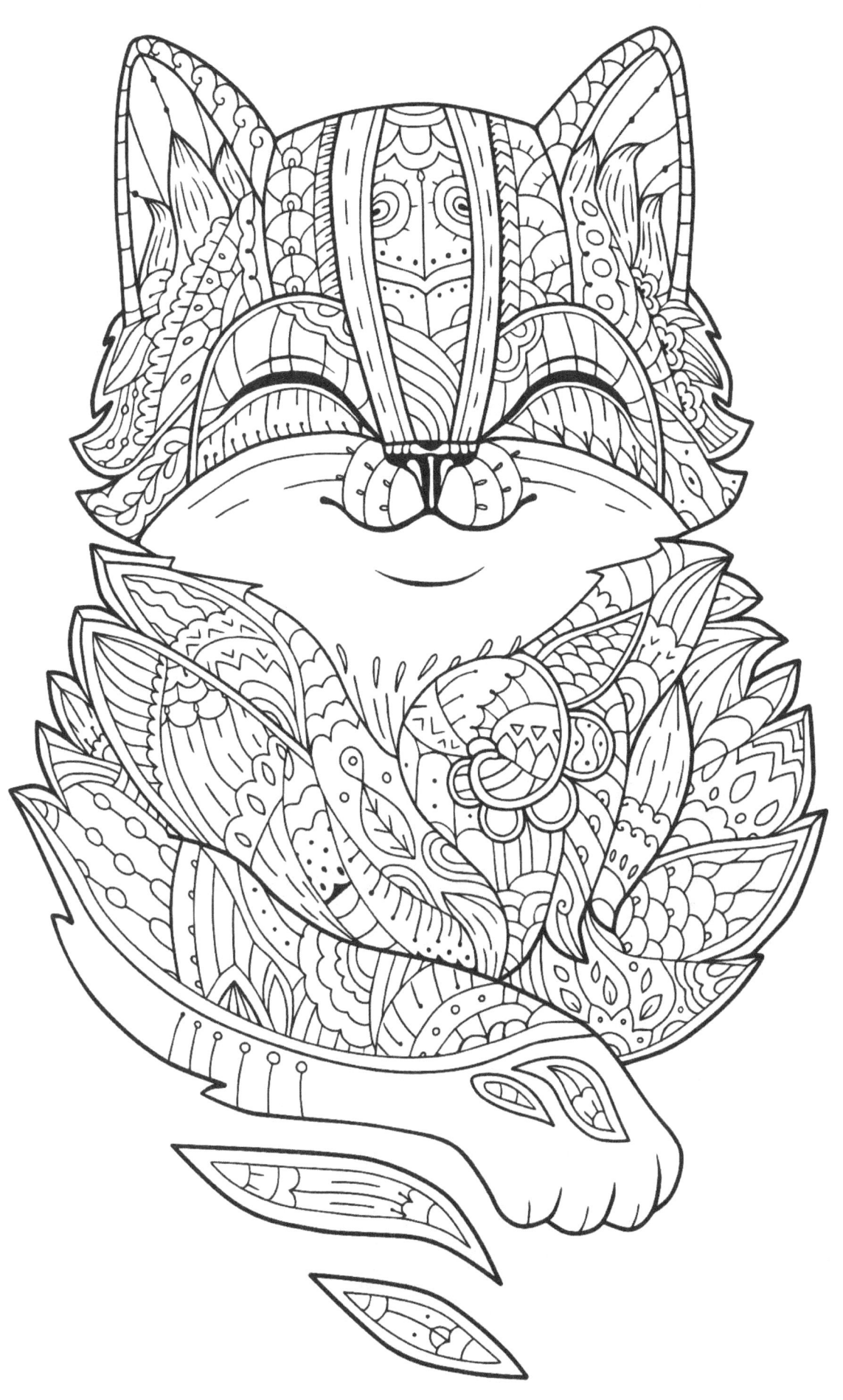

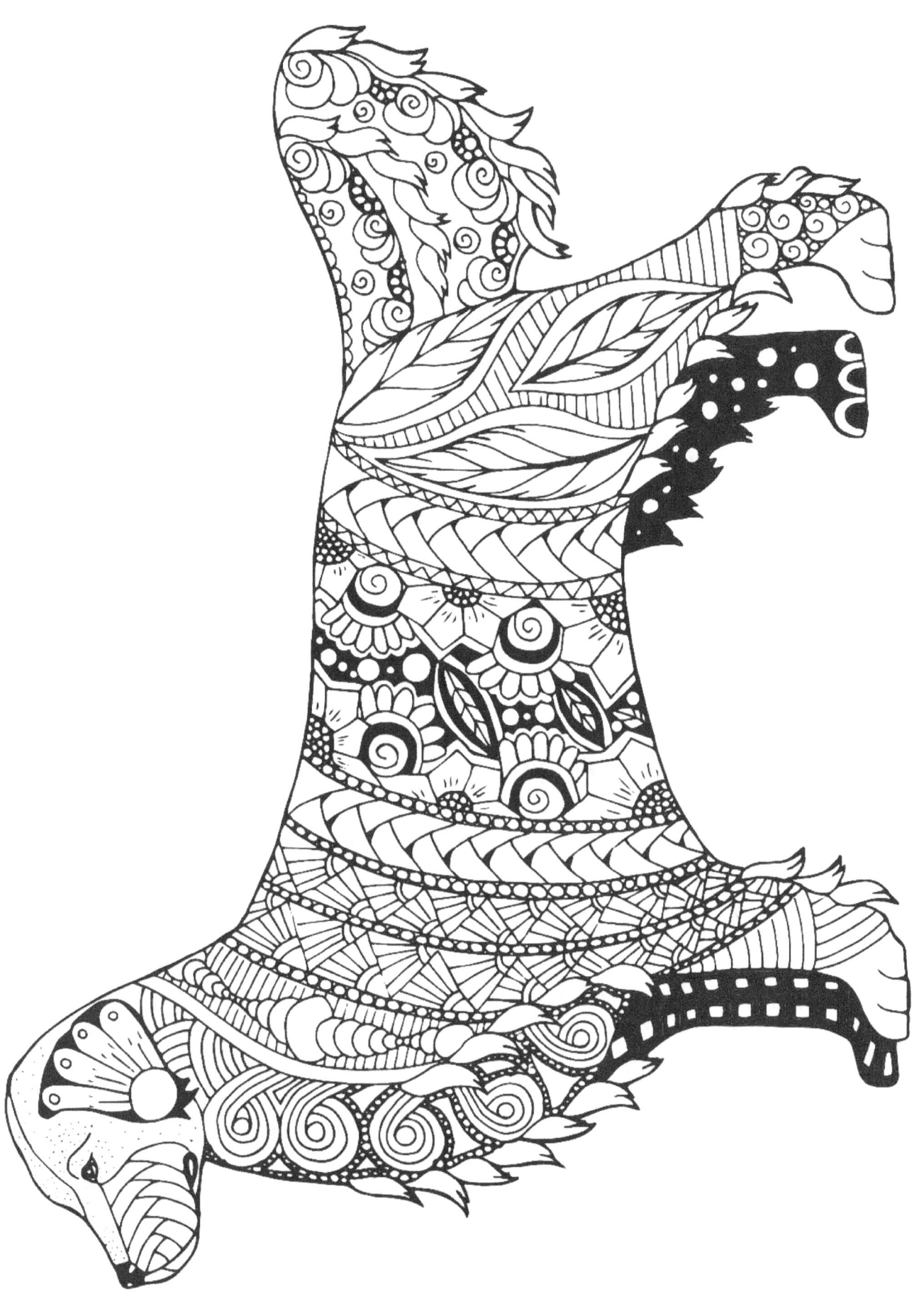

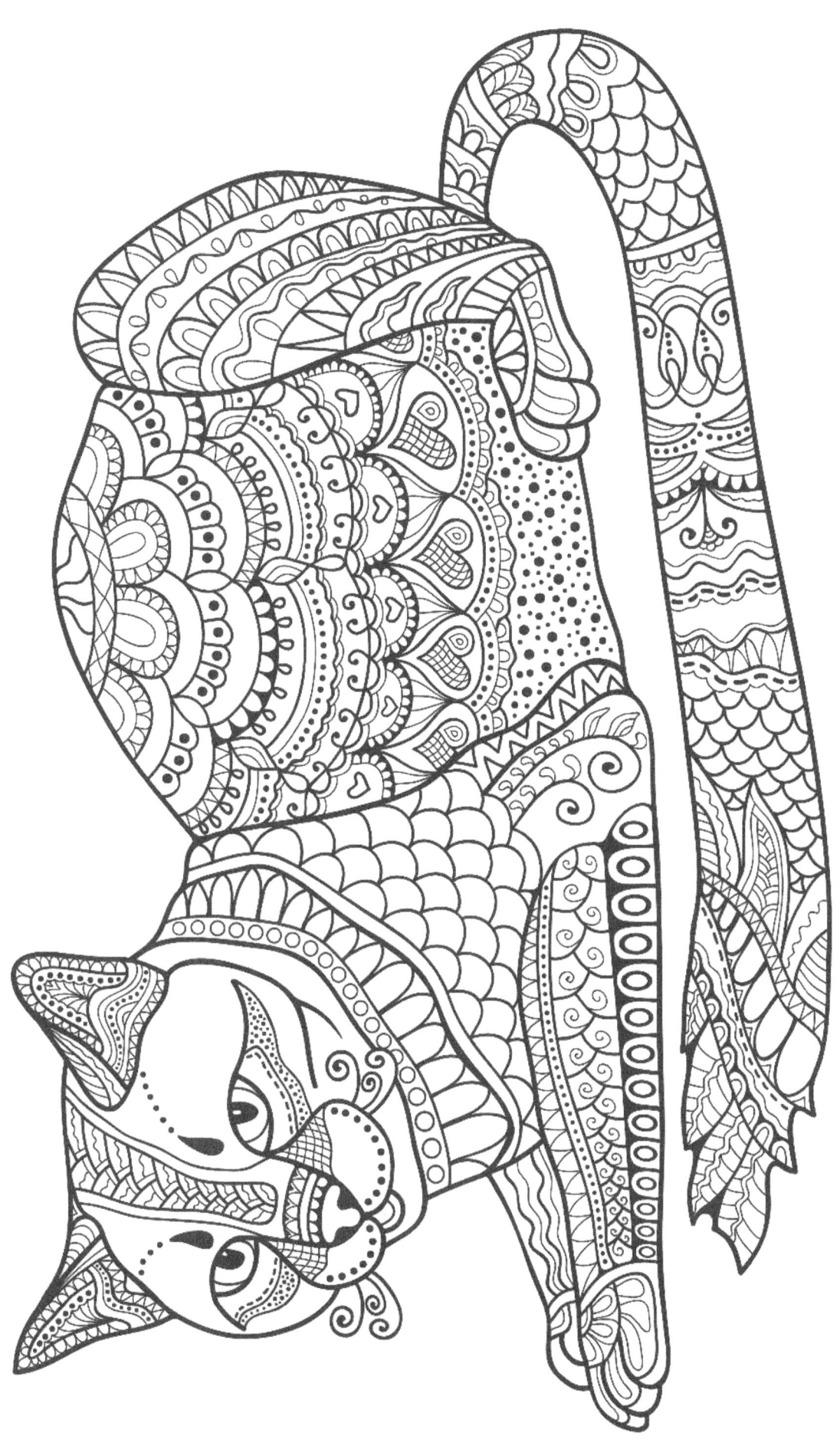

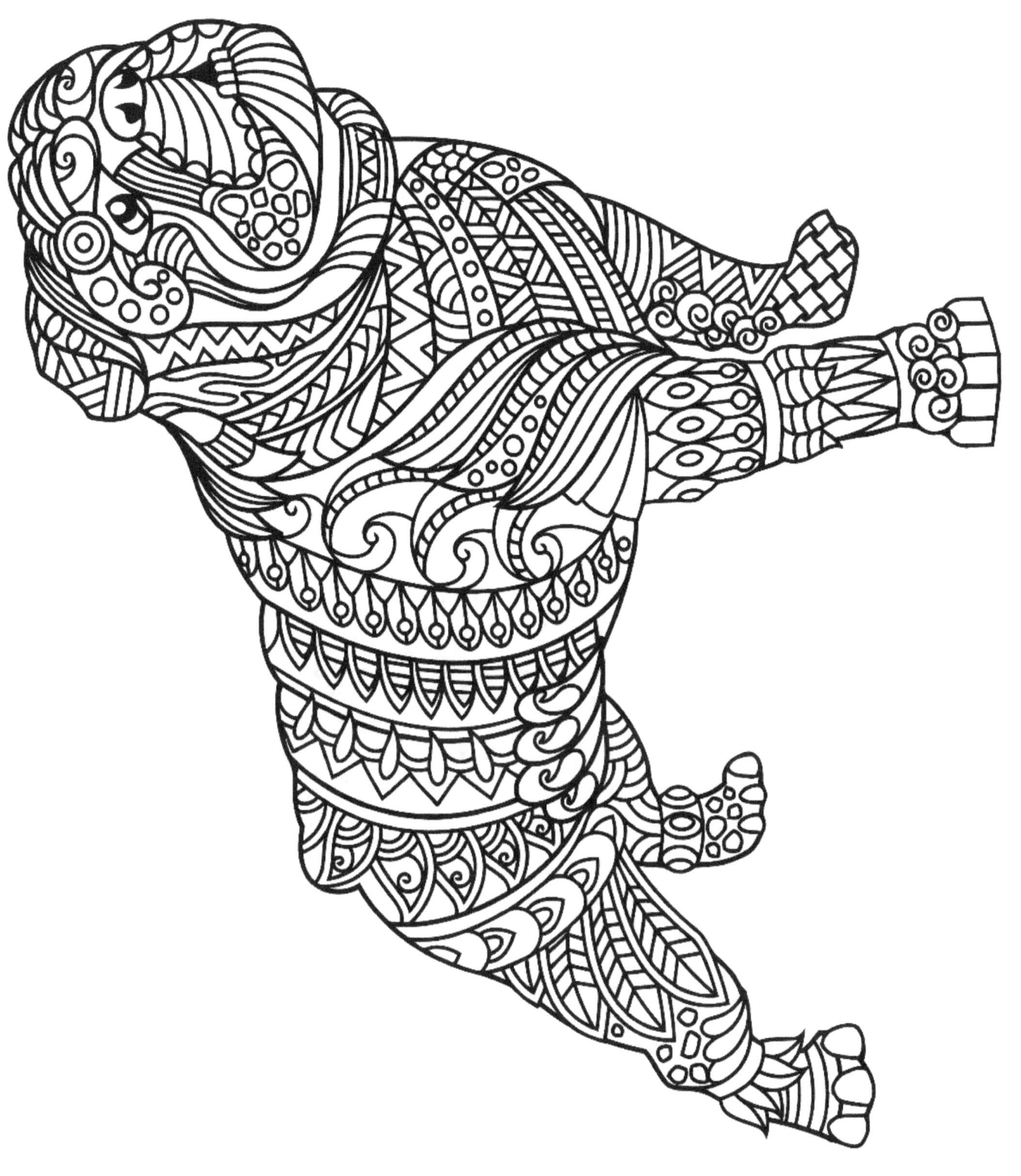

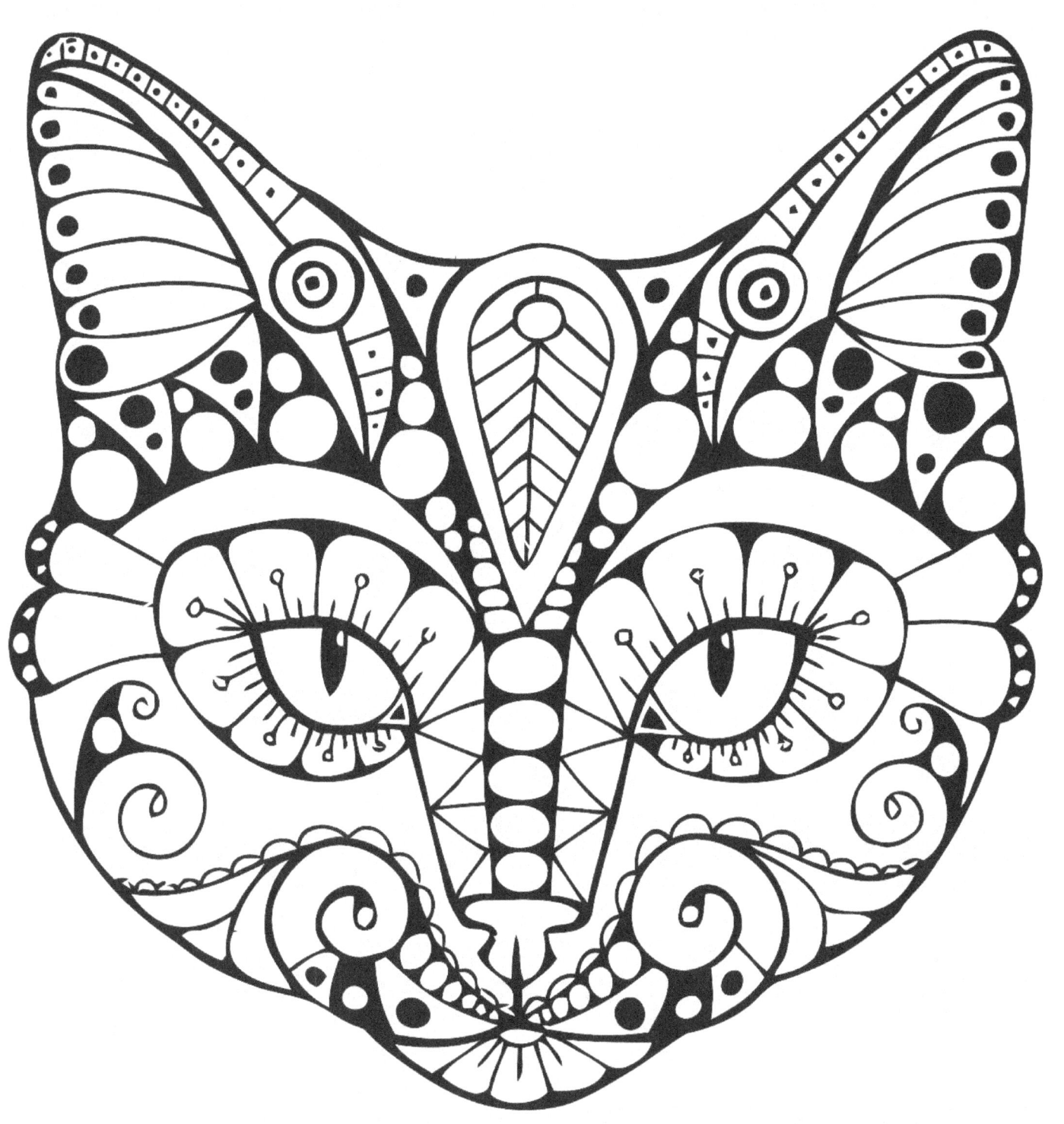

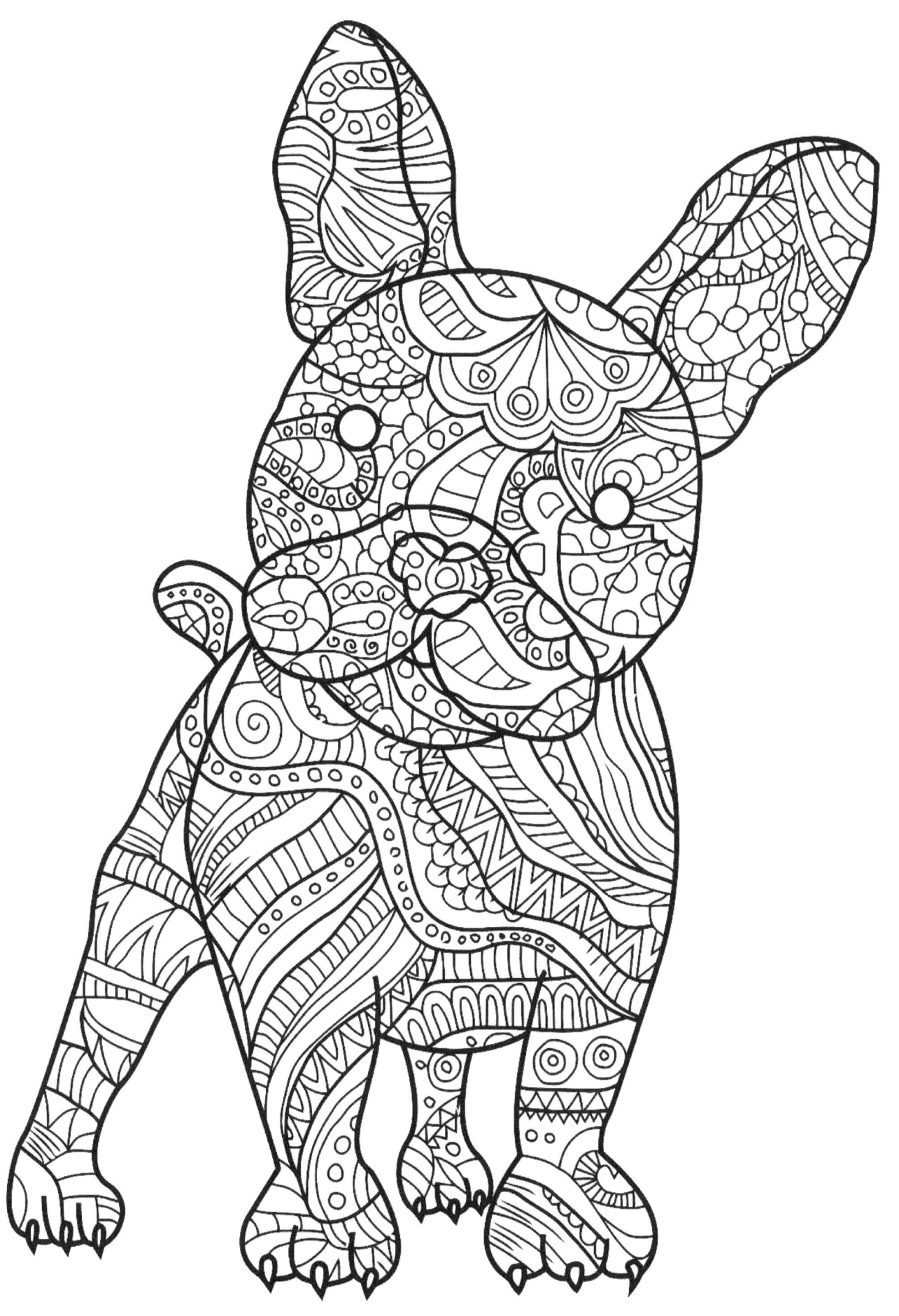

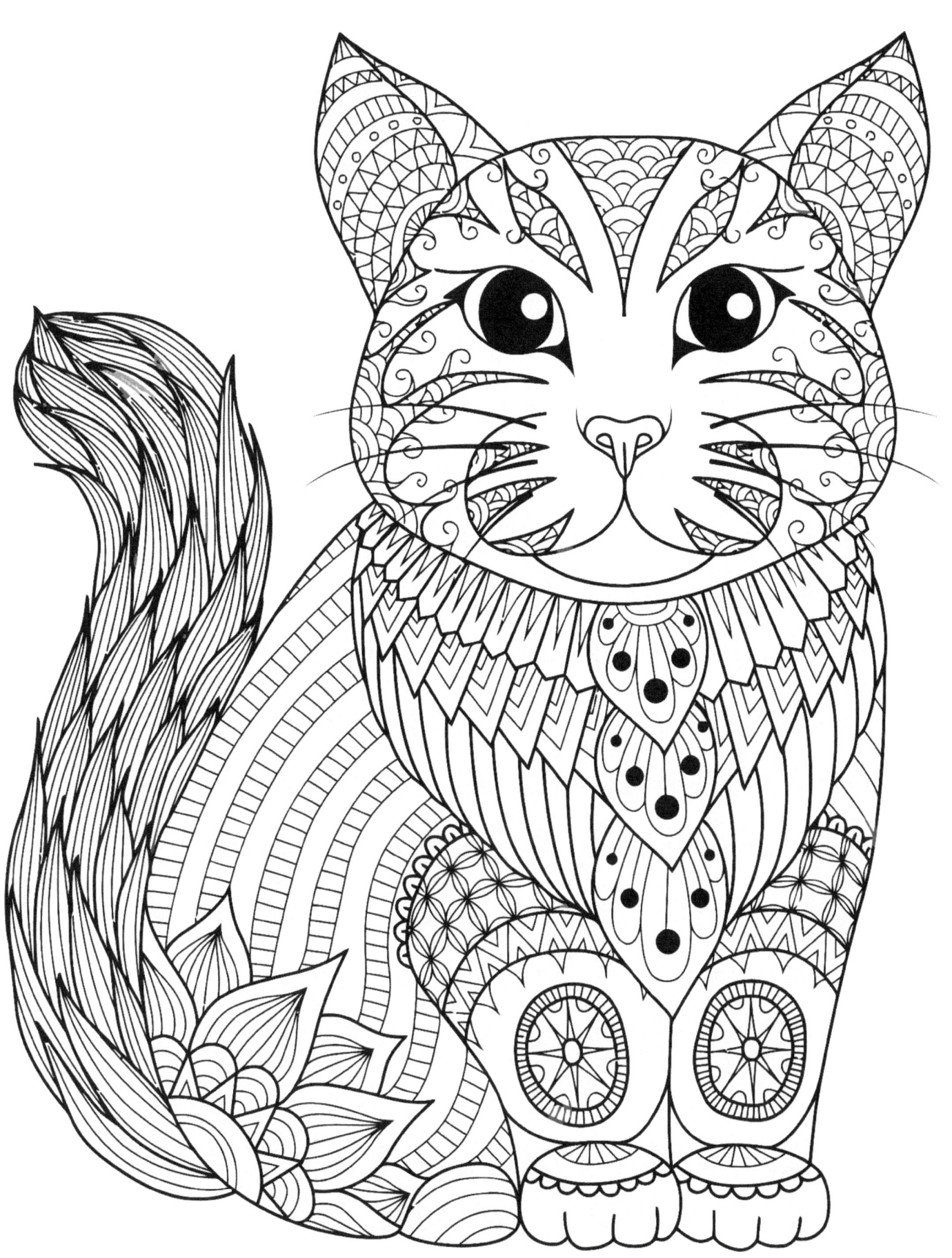

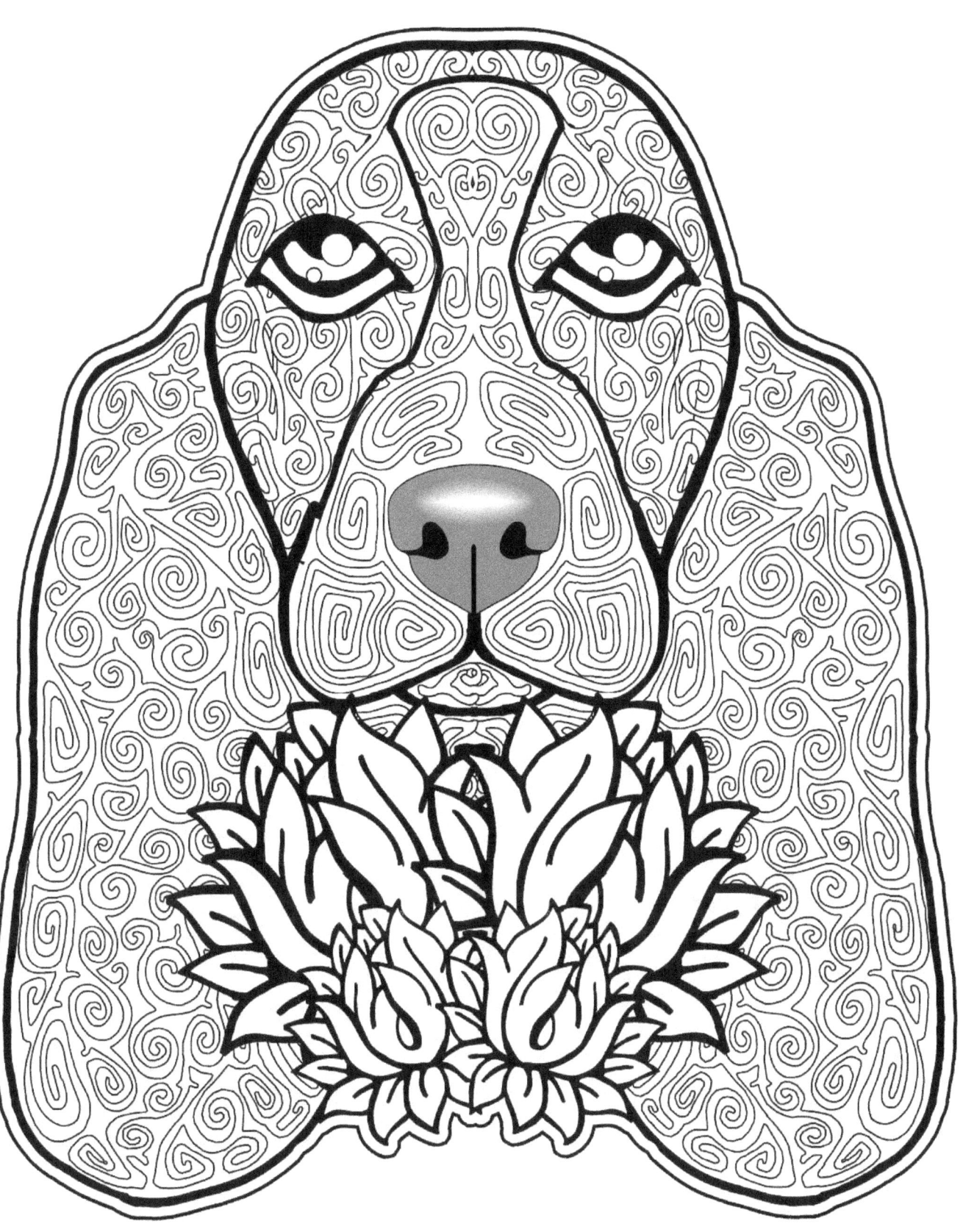

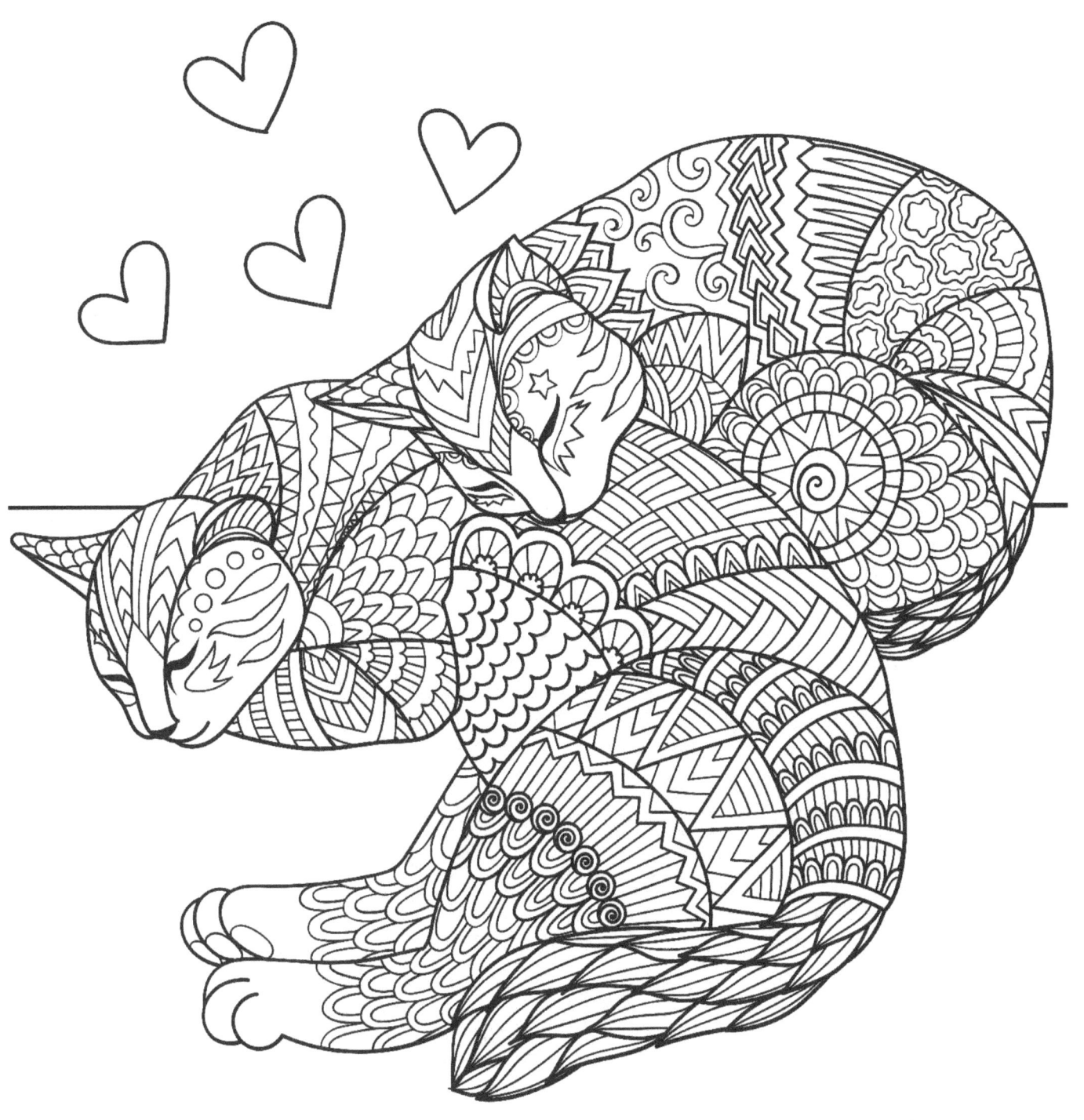

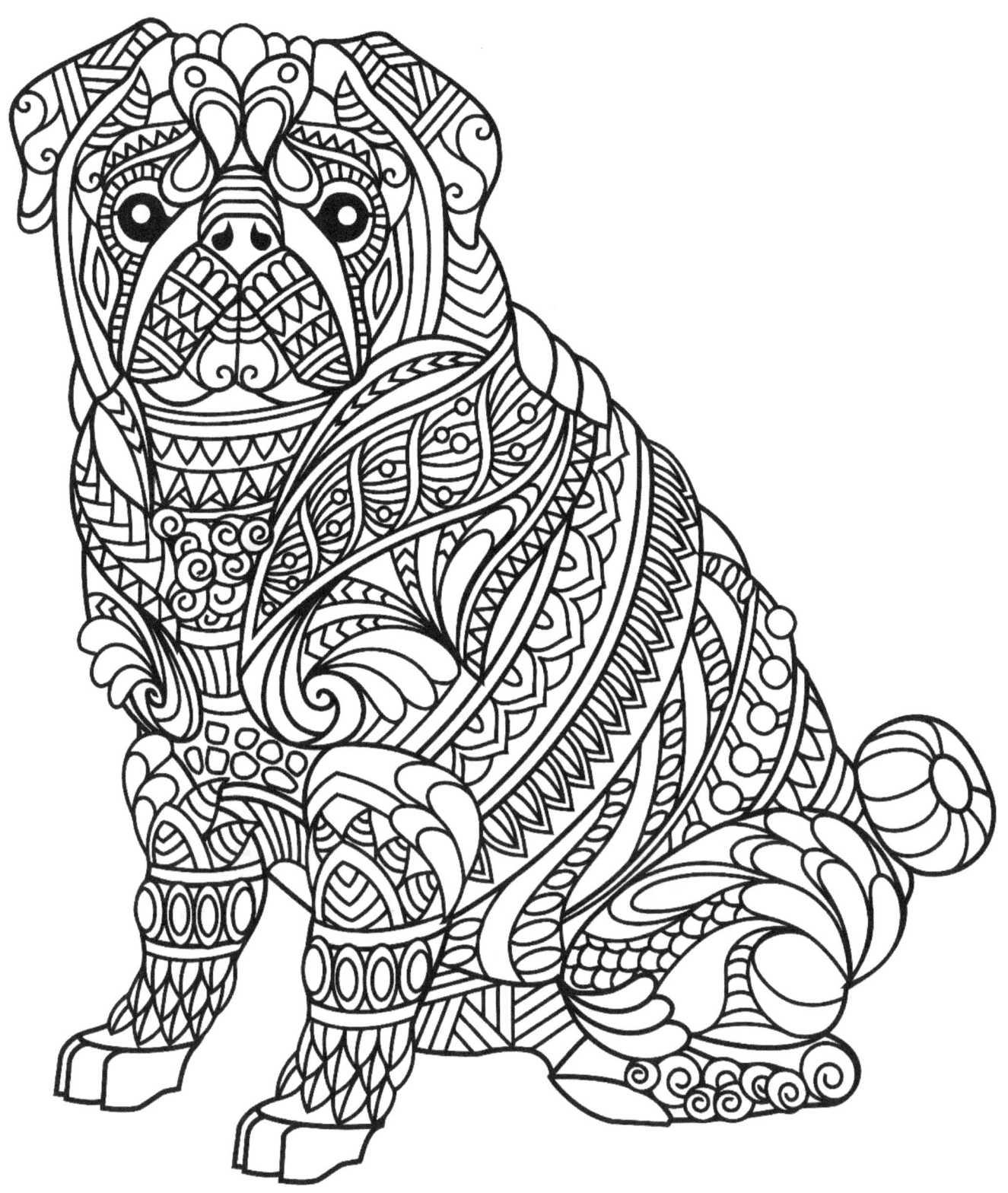

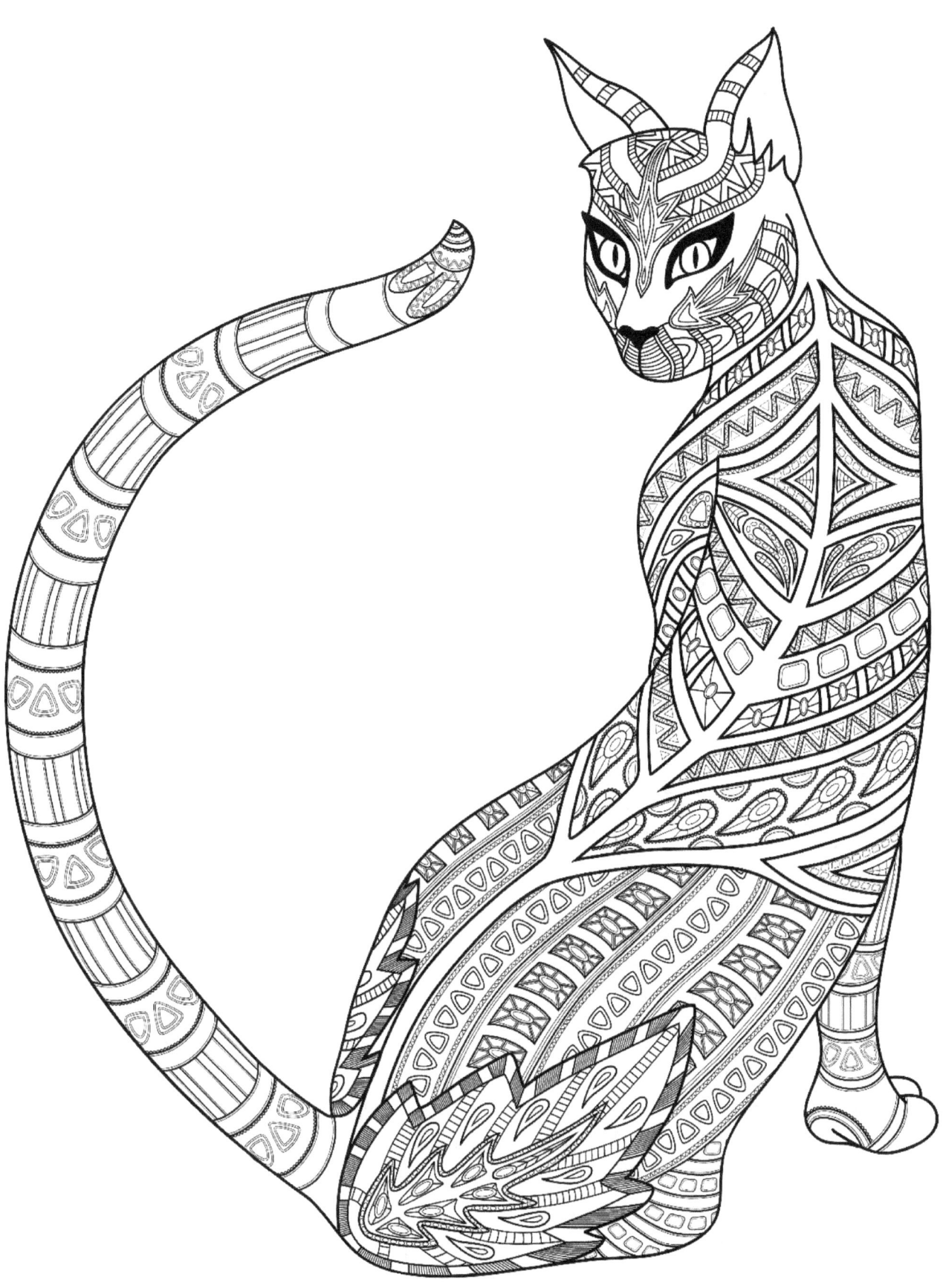

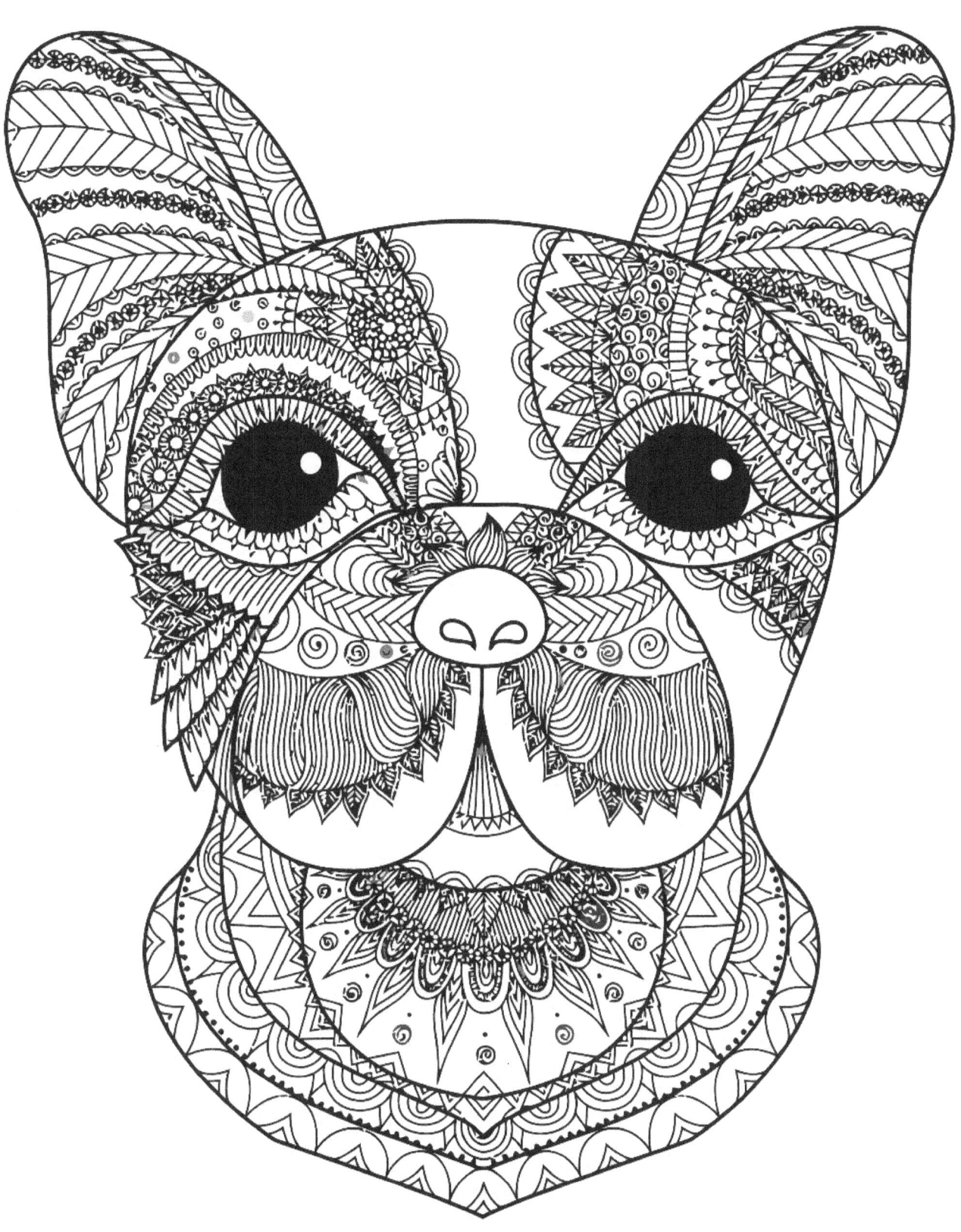

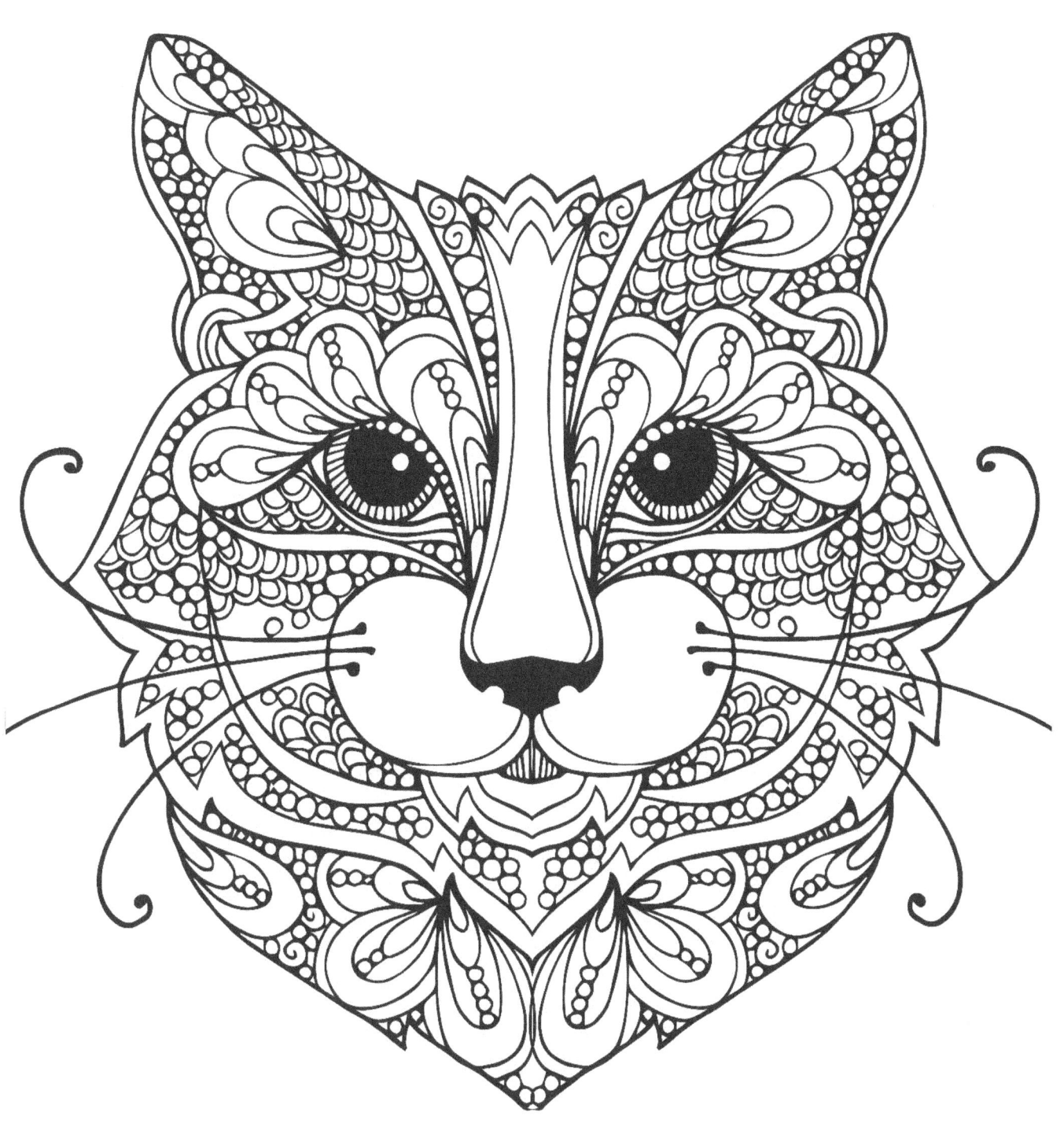

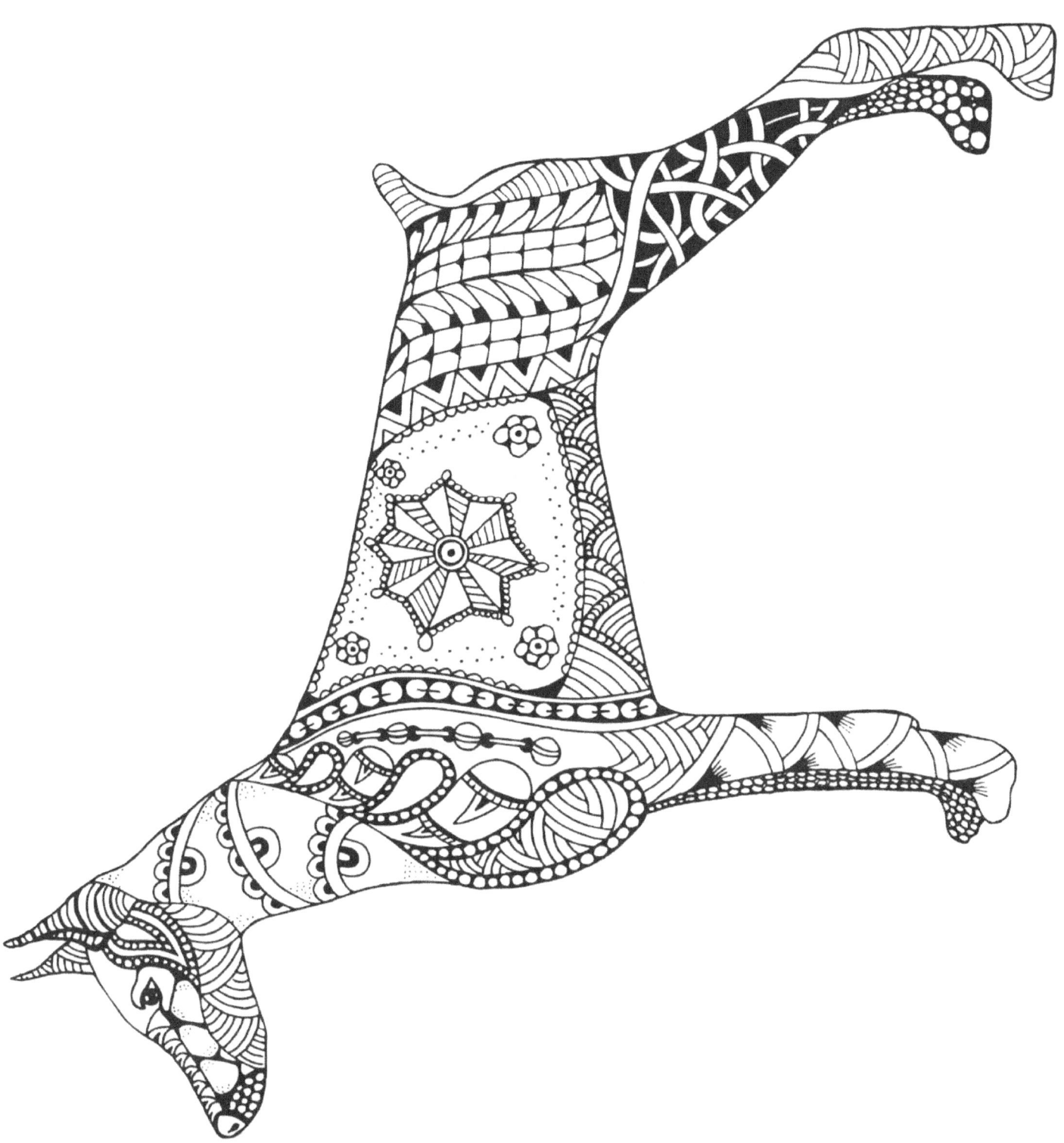

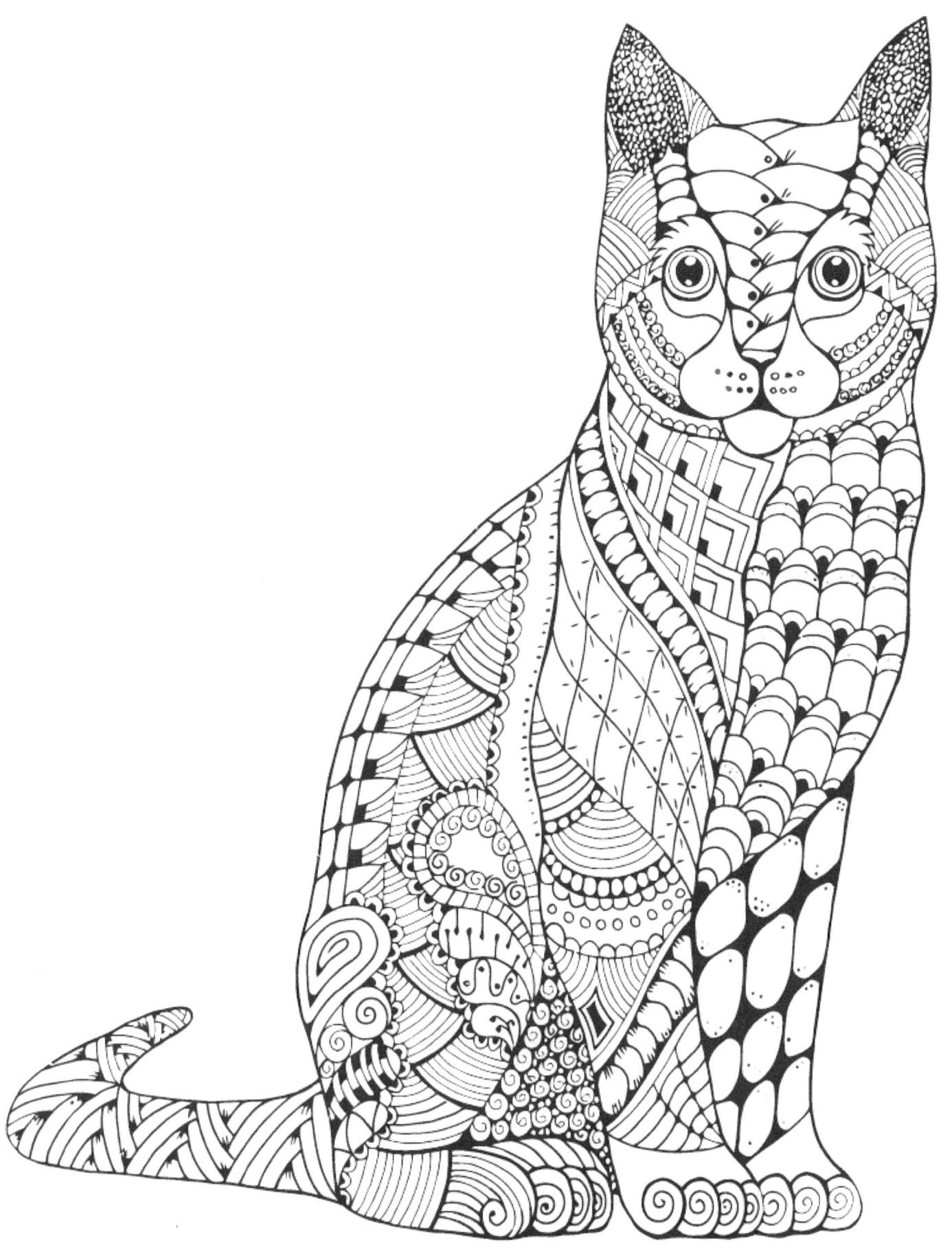

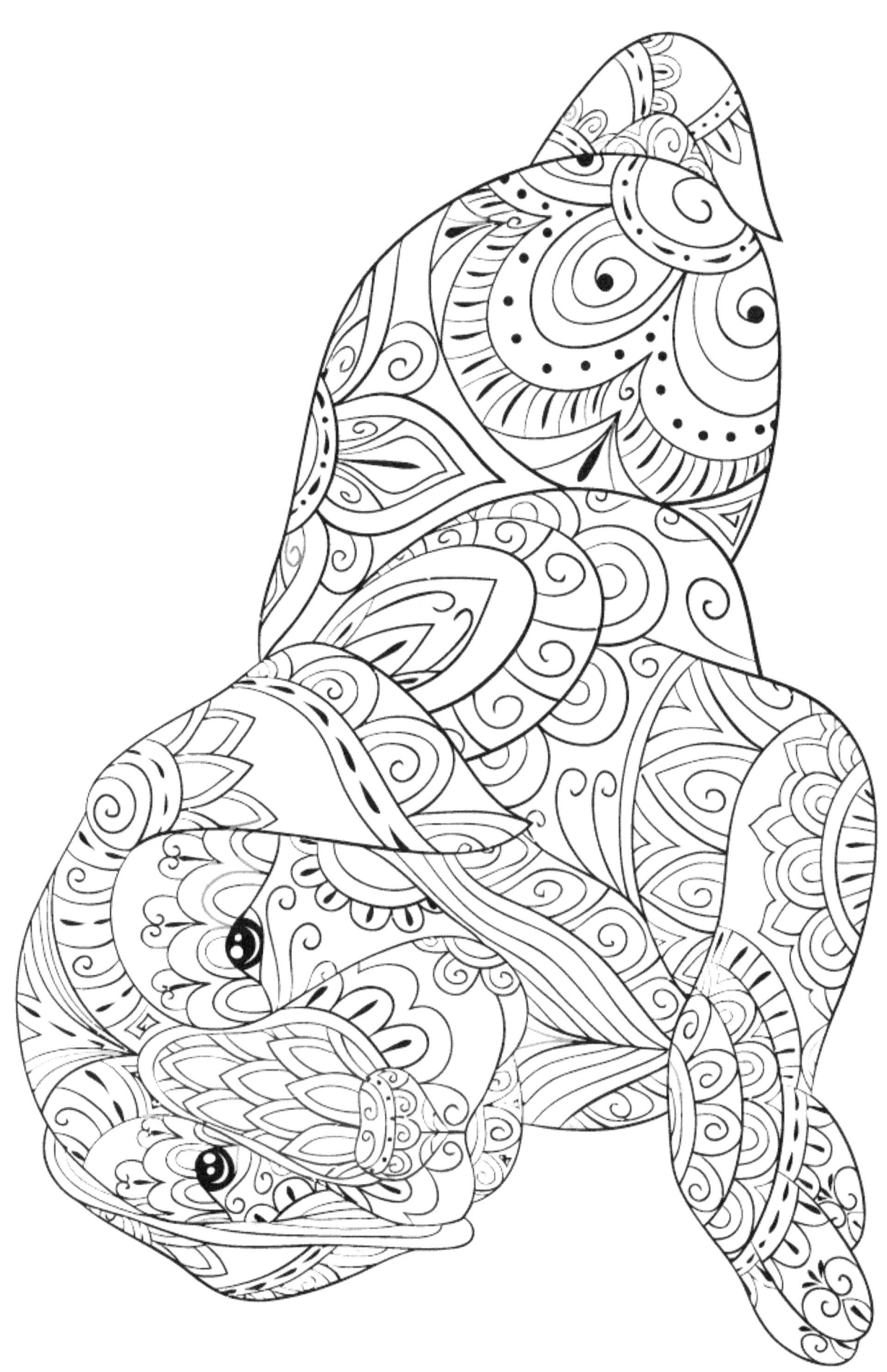

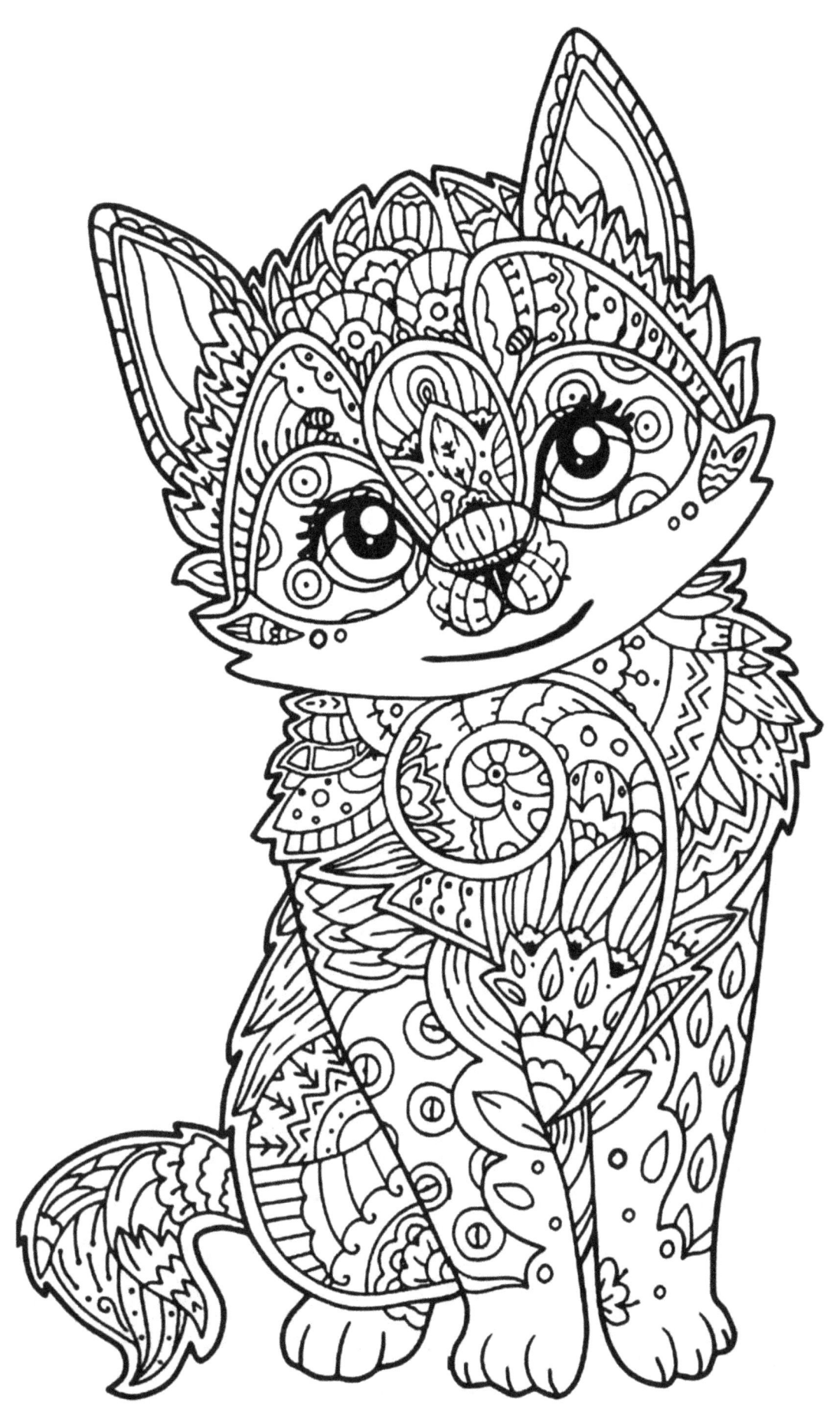

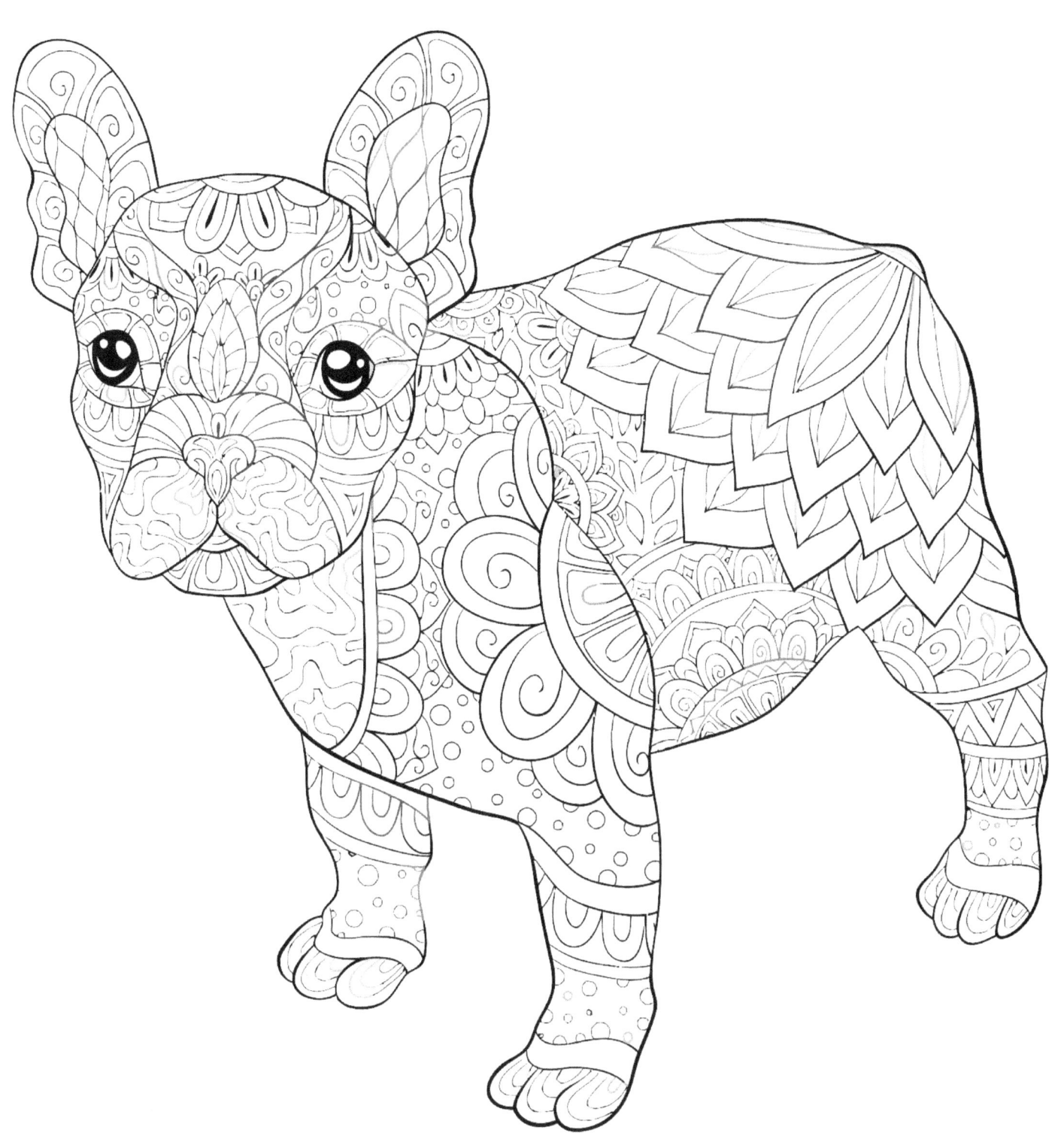

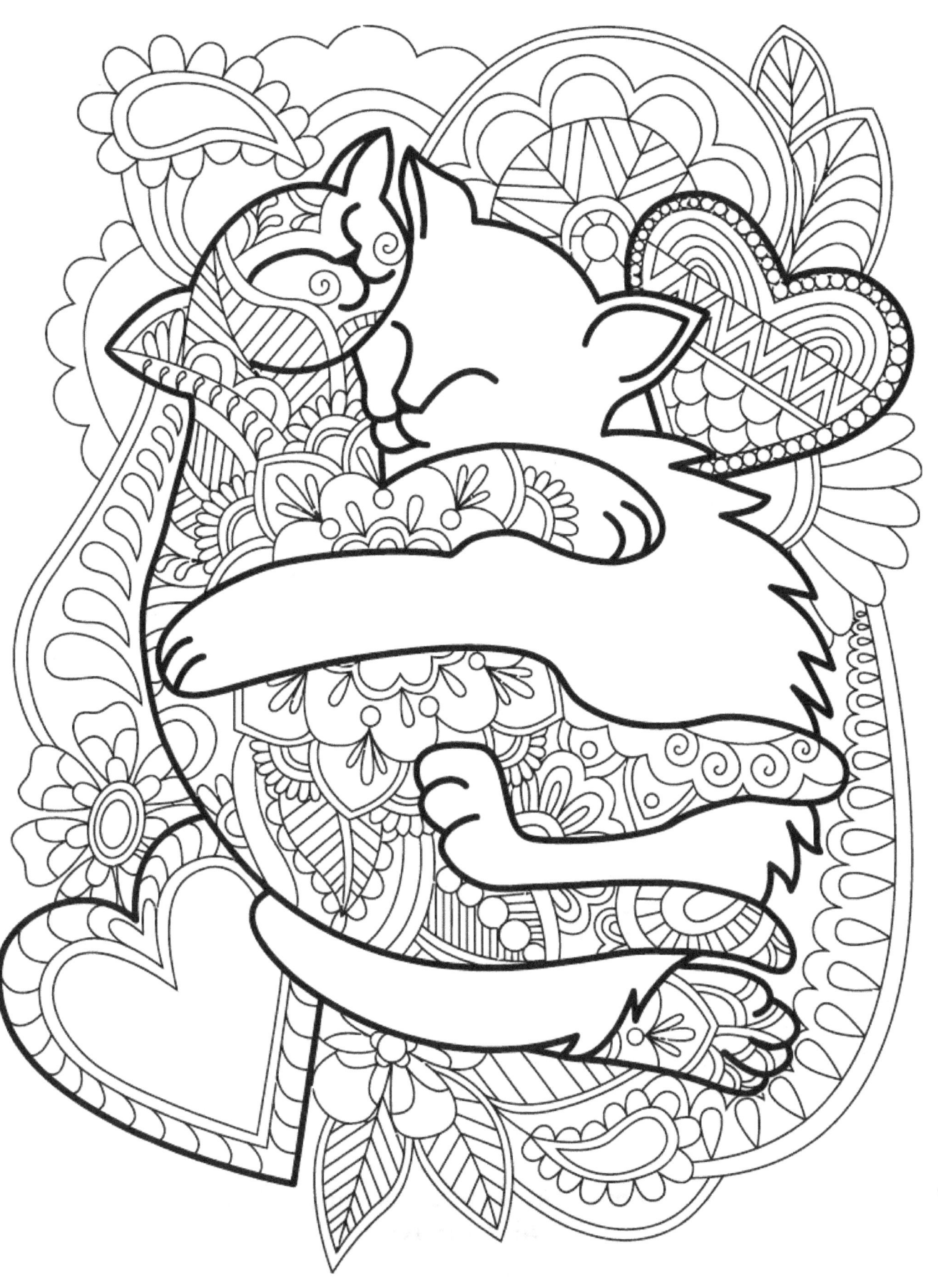

Copyright © 2022 – Wonderful Press
All rights reserved.

www.ingramcontent.com/pod-product-compliance
Lightning Source LLC
Chambersburg PA
CBHW080507220526
45465CB00006B/2401